爱读书　读好书　善读书

「三读」丛书　中共浙江省委宣传部　编

开卷有益

厚德载物

浙江人民出版社

编写说明

党的十八大以来，根据习近平总书记关于领导干部要爱读书读好书善读书的要求，我们组织专家学者编撰《"三读"丛书·开卷有益》，作为各级党员领导干部提高理论修养、陶冶情操、增强人文底蕴的"口袋读本"。

党的二十大报告指出，中华优秀传统文化源远流长、博大精深，是中华文明的智慧结晶，其中蕴含的天下为公、民为邦本、为政以德、革故鼎新、任人唯贤、天人合一、自强不息、厚德载物、讲信修睦、亲仁善邻等，是中国人民在长期生产生活中积累的宇宙观、天下观、社会观、道德观的重要体现，同科学社会主义价值观主张具有高度契合性。为全面学习贯彻习近平文化思想，落实推进中华民族现代文明建设浙江探索"十大行动"，本辑

《"三读"丛书·开卷有益》以"读懂中华优秀传统文化"为主题，根据中华优秀传统文化中具有代表性的十个方面，遴选相关文章，从古、今、人、文四个角度，分智慧探源、思想品读、人物风范、笔墨文心四大板块，供广大党员干部阅读学习，推动广大党员干部深刻理解"两个结合"的丰富内涵。

编　者

2024年3月

◎ **智慧探源** 001 ————————————

◎ **思想品读** 029 ————————————

爱读书
读好书
善读书

智慧探源

坤卦[※]

《周易》

坤。元亨，利牝马^①之贞。

君子有攸^②往，先迷后得主；利西南得朋，东北丧朋，安贞吉。

《彖》曰：至哉坤元，万物资生，乃顺承天。

※ 选自王弼撰，楼宇烈校释：《周易注》，中华书局2011年版。《周易》即《易经》，相传系周文王姬昌所作，有《经》和《传》两个部分。《经》包括六十四卦和三百八十四爻，各有卦辞、爻辞，作为占卜之用；《传》包括解释卦辞和爻辞的七种文辞共十篇，统称《十翼》，相传为孔子所撰。

① 牝马：雌马。

② 攸：所。

坤厚载物，德合无疆，含弘光大，品物①咸亨。牝马地类，行地无疆。

柔顺利贞，君子攸行，先迷失道，后顺得常。西南得朋，乃与类行；东北丧朋，乃终有庆。安贞之吉，应地无疆。

《象》曰：地势坤，君子以厚德载物。

初六，履霜，坚冰至。

《象》曰：履霜坚冰，阴始凝也。驯致②其道，至坚冰也。

六二，直、方、大，不习无不利。

《象》曰：六二之动，直以③方也。不习无不利，地道光④也。

六三，含章⑤可贞。或从王事，无成有终。

《象》曰：含章可贞，以时发也；或从王事，知⑥光大也。

---

① 品物：各种各样的物。
② 驯致：逐渐达到。
③ 以：而且。
④ 光：广大。
⑤ 含章：具备美好的品德。
⑥ 知：同"智"，智慧。

六四，括囊①，无咎无誉。

《象》曰：括囊无咎，慎不害也。

六五，黄裳，元吉。

《象》曰：黄裳元吉，文在中也。

上六，龙战于野，其血玄黄。

《象》曰：龙战于野，其道穷也。

用六，利永贞。

《象》曰：用六永贞，以大终也。

《文言》曰：坤，至柔而动也刚，至静而德方；后得主而有常，含万物而化光。坤其道顺乎？承天而时行。

积善之家，必有余庆；积不善之家，必有余殃。臣弑其君，子弑其父，非一朝一夕之故，其所由来②者渐矣，由辩③之不早辩也。《易》曰：履霜坚冰至，盖言顺④也。

直，其正也；方，其义也。君子敬以直内，义

---

① 括囊：扎起来的袋子。
② 所由来：发展的过程。
③ 辩：同"辨"，辨别。
④ 顺：同"慎"，谨慎。

以方外，敬义立而德不孤。直、方、大，不习无不利，则不疑其所行也。阴虽有美，含之以从王事，弗敢成也；地道也，妻道也，臣道。地道无成，而代有终也。天地变化，草木蕃[1]；天地闭，贤人隐。《易》曰：括囊，无咎无誉。盖言谨也。君子黄中通理，正位居体；美在其中，而畅于四支[2]，发于事业，美之至也！

阴疑于阳必战，为其嫌于无阳也。故称龙焉，犹未离其类也。故称血焉。夫玄黄者，天地之杂也，天玄而地黄。

【赏析】

坤为地道，为臣道。地无不载，人不知地之所为而万物成于地。人臣之道在于不伐其能、不夸其功。

人在工作生活中，有一定的自知之明、能够摆正自己的位置很重要。在自己的岗位上做好自己的工作才是真的英雄。凡事应量力而为，想干大事就得早打基础，先让自己强大起来，只有干适合自己能力的

---

① 蕃：茂盛。
② 四支：同"四肢"，指整个身体。

事，处在适合自己能力的位置上，才能干得起劲、活得潇洒。得陇望蜀、好高骛远的人，善终者寥寥。

坤卦的思想是水至清则无鱼，人至察则无徒。厚德者，追随的人多，所能掌握、调动的各类资源亦多。人年少时德积尚浅，谦卑之心必不可少。随着岁月的点滴积累，即使到了德厚位尊时，亦要保持谦逊之心，方可泽被广远、福耀后世。

处坤之道，就是培养勇敢、无畏的心志。一个人的言谈举止是反映他内心精神气质的镜子，中正诚直的人所表现出来的是祥和、坚毅；狭隘鄙陋之徒，邪欲歪念在心中鼓噪，给人的观感印象就是贪婪、狡诈。

壁立千仞，无欲则刚。内心保持中正诚直，必然威严自显，获得别人的敬重。与人交流的时候，必定也会站在对方的角度全面考量，为对方着想。既然有这个准备，还有什么事不敢做、什么话不敢说呢？

平时保持正直无私的心态，在利益处置时有公平的方法。于是在这个纷繁复杂的社会中，不管面对正人君子还是猥琐小人，你都能做到进退自如，无所犹疑，阳光乐观地去面对、去解决。

善抱大道※

老　子

　　善建者不拔，善抱者不脱，子孙以祭祀不辍。修之于身，其德乃真；修之于家，其德乃余；修之于乡，其德乃长；修之于邦，其德乃丰；修之于天下，其德乃普。故以身观身①，以家观家，以乡观乡，以邦观邦，以天下观天下。吾何以知天下之然哉？以此。

　　※ 选自王弼注，楼宇烈校释：《老子道德经注校释》，中华书局2008年版。老子，生卒年不详，姓李名耳，字聃，一字伯阳，春秋时期伟大的哲学家、思想家，道家学派创始人，留有《道德经》。

　　① 以身观身：用修身的原则观察个人。

【赏析】

老子重点突出了"修"和"观"的意义。"修"指的是修身，这是一切事业的根本。只有身修好了，才可以把这种德扩展到一家、一乡、一邦，乃至整个天下。"观"就是观察推测的意思。天下所有事物的道理都是一样的，所以从己身可以推知他身，从己家可以推知他家。

"故以身观身，以家观家，以乡观乡，以邦观邦，以天下观天下。吾何以知天下之然哉？以此。"在这段话中，老子阐明检验修身、齐家、睦邻、治国、平天下是否合乎自然无为之德的方法。老子认为，以修之于身作为检验身的标准，以修之于家作为检验家的标准，以修之于乡作为检验乡的标准，以修之于国作为检验国的标准，以修之于天下作为检验天下的标准，统治就会长久，天下就会安定。

子产告范宣子轻币[※]

左丘明

范宣子为政，诸侯之币^①重。郑人病之。

二月，郑伯如晋。子产寓书于子西^②，以告宣子，曰："子为晋国，四邻诸侯不闻令德，而闻重币，侨也惑之。侨闻君子长国家者，非无贿之患，而无令名之难。夫诸侯之贿，聚于公室，则诸侯

※ 选自郭丹等译注：《左传》，中华书局2018年版。左丘明，生卒年不详，春秋末期史学家、文学家、思想家、散文家，被誉为"文宗史圣""经臣史祖"。曾任鲁国史官，相传为解析《春秋》而作《左传》（又称《左氏春秋》），又作《国语》。

① 币：帛，此处指贡物。
② 子西：郑国大夫公孙夏。

贰；若吾子赖①之，则晋国贰。诸侯贰，则晋国坏；晋国贰，则子之家坏。何没没②也，将焉用贿？夫令名，德之舆也。德，国家之基也。有基无坏，无亦是务乎？有德则乐，乐则能久。《诗》云：'乐只君子，邦家之基。'有令德也夫！'上帝临女③，无贰尔心。'有令名也夫！恕思以明德，则令名载而行之，是以远至迩安。毋宁使人谓子'子实生我'，而谓'子浚④我以生'乎！象有齿以焚其身，贿也。"宣子说，乃轻币。

【赏析】

春秋末年，晋国大量征收贡品，欺压小国，加重了诸侯小国的负担。郑国在庄公以后，历经多年内乱，国力日益衰落。郑简公执政时任用子产为相。子产是有才干的政治家，他采取寄书说理的方式机智地反抗了晋国的暴政。他利用晋国极力保住

---

① 赖：私自占有。
② 没没：贪恋。
③ 女：同"汝"。
④ 浚：取。

盟主地位和希望得到美好声誉的心理，阐明了"轻币"的道理，从而使晋国不得不减轻对诸侯的剥削。

子产的这封信主要采用了对比的手法，使聚敛财富和树立美德两种统治方法所产生的后果，在对比中更加鲜明突出。他开门见山地挑明范宣子推行重币之策意味着没有美好的品德，只有加重诸侯负担的恶名，如同当头一棒，使范宣子警醒。他说明聚敛财富会造成的恶果，"诸侯之赂，聚于公室，则诸侯贰；若吾子赖之，则晋国贰；诸侯贰，则晋国坏；晋国贰，则子之家坏"，分析透彻，推断合理。他又陈述树立美德会带来的好处，"有德则乐，乐则能久"。为了增强说服力，他引用《诗经》中"乐只君子，邦家之基"等言论作进一步说明。

财富与美德都是人所追求的，但是如果一味聚敛财富，就会损坏美德，招致不好的名声。子产就是利用范宣子想得到美好名声的心理，通过危语、赞语交替对比，说明了"重币"和"轻币"的利害关系，具有很强的说服力。本文文字简洁，语言精练，引用经典言论准确到位，可谓字字珠玑。

厚德载物※

孔 伋

　　故至诚无息。不息则久，久则征①，征则悠远，悠远则博厚，博厚则高明。博厚，所以载物也；高明，所以覆物也；悠久，所以成物②也。博厚配地，高明配天，悠久无疆。如此者，不见而章③，不动而变，无为而成。

―――――――――

　　※ 选自朱熹：《四书章句集注》，中华书局1983年版。孔伋（前483—前402），字子思，鲁国人，孔子嫡孙，曾子之徒。他上承孔子中庸之道，下启孟子心性之论，同孟子一起被后人称为思孟学派。

　　① 征：验证，证明。

　　② 成物：成就万物。

　　③ 不见而章：不刻意表现就自然而然地彰显。

【赏析】

本文阐述至诚的永恒性及其具体作用，以彰显"诚"的伟大。孔颖达认为："故至诚无息，言至诚之德，所用皆宜，无有止息，故能久远、博厚、高明以配天地也。"

一方面至诚是运动的，随着形势而变化，适应不同的时代，就像四时变换，昼夜交替，日出日落，永不止息。古人常常用"天理流行"来形容它。只有永不止息才会持续发展，中国古代哲学家很早就察觉到这个规律，并把它作为一条维持宇宙运行的准则。由于它是整个宇宙运行发展的规律，那么处在宇宙当中的人只有顺应这个规律，才能长久地发展下去。至诚无息的另一个方面是至诚是纯净的，不夹杂任何私欲。人的品德虽然会不时显露出善端，但是人心也包含了私欲。人会因私欲的阻碍，间断自我修养。如果间断，就不能称为"无息"。因此，至诚包括了对自我修养的要求。

博厚、高明、悠久，一方面形容至诚的品性，另一方面又形容圣人的品德。这是借用天、地的品德来赞赏至诚的功用和具有了至诚品性的圣人的功用。圣人之德，承载、养育万物，覆盖、包容万物，生生不息。在这种盛德之下，万物可以得到成就，可以自由地发挥作用，彼此之间不相妨碍，从而世界太平。这就是"成物"。成就万物的同时，自我也得到成就。圣人与天地合一，其博厚，承载万物，就像大地一般；其高明，包容万物，就像天道一般；他的功用与天地相互交融，相互配合，循环往复，永不停息。而这种巨大的功用又不是有意识的人为，而是自然生发出来的，是至诚品性长久积累的结果，外物感受到这种至诚之德就会随之变化，从而达到"不见而章，不动而变，无为而成"的境界。

道德说（节选）※

贾　谊

德有六理。何谓六理？曰：道、德、性、神、明、命，此六者德之理也。诸生者①，皆生于德之所生，而能象人德者，独玉也。写德体六理，尽见于玉也，各有状，是故以玉效德之六理。泽者，鉴②

※ 选自贾谊撰，何孟春订注：《贾谊集》，岳麓书社2010年版。贾谊（前200—前168），西汉初年著名政论家、文学家，世称贾生，代表作有《过秦论》《陈政事疏》《吊屈原赋》等。

① 诸生者：指世间万物。
② 鉴：镜子，指像镜子一样。

也，谓之道；䏍①如窃膏②谓之德；湛而润，厚而胶③谓之性；康若泺流④谓之神；光辉谓之明；岂⑤乎坚哉谓之命。此之谓六理。鉴生空窍⑥，而通之以道。德生理，通之以六德之华离⑦状。六德者，德之有六理，理离状也。性生气而通之以晓，神生变而通之以化，明生识而通之以知，命生形而通之以定。

德有六美，何谓六美？有道、有仁、有义、有忠、有信、有密⑧。此六者，德之美也。道者，德之本也；仁者，德之出⑨也；义者，德之理也；忠者，德之厚也；信者，德之固也；密者，德之高也。

六理、六美，德之所以生阴阳、天地、人与万

① 䏍：干肉，指玉的内质。

② 窃膏：油脂。

③ 胶：牢固。

④ 康若泺流：意为玉色灵动闪烁。

⑤ 岂：坚硬。

⑥ 空窍：眼睛。

⑦ 华离：此处为相互分离又彼此关联。

⑧ 密：密切，指万物与道、德密不可分。

⑨ 德之出：由德生发出。

物也，固为所生者法也。故曰：道此之谓道，德此之谓德，行此之谓行。所谓行此者，德也。是故著此竹帛谓之《书》，《书》者，此之著者也；《诗》者，此之志者也；《易》者，此之占者也；《春秋》者，此之纪者也；《礼》者，此之体者也；《乐》者，此之乐者也；祭祀鬼神，为此福者也；博学辩议，为此辞者也。

【赏析】

《道德说》先论述了道同德、性、神、明、命之关系。首段，贾谊就点出，世间万物都是由德生出来的。但世界众生中能同人的德性相类似的，唯有美玉。德的六理——道、德、性、神、明、命，都能在美玉身上体现出来。紧接着，文章又指出德之六美，阐明了德的根本、义理、厚重、高贵等方面，进而推导出六经同六理、六美的关系。

在贾谊看来，道虽无形，却是万物之本源，而诸物生于德，又在德中得以体现。儒学"六经"是德的具体体现者和记述者，又反作用于德。以《道德说》为基础，贾谊逐步构建起他的"性命论"。

其"道"与"德"均有双层内涵：其最高层次的"道"是"物"之存在的运动过程，是"治乱存亡"的所以然之迹；其最高层次的"德"则是"所以生阴阳、天地、人与万物"之"理"，是儒学化的真正的本体。

原道（节选）※

韩　愈

　　博爱之谓仁，行而宜之之谓义，由是而之焉之谓道，足乎己无待于外之谓德。仁与义为定名，道与德为虚位。故道有君子小人，而德有凶有吉。老子之小仁义，非毁之也，其见者小也。坐井而观天，曰天小者，非天小也。彼以煦煦①为仁，孑孑②为义，

　　※ 选自韩愈著，刘真伦、岳珍校注：《韩愈文集汇校笺注》，中华书局2010年版。韩愈（768—824），字退之，自称"郡望昌黎"，世称"韩昌黎""昌黎先生"。唐朝文学家、思想家、哲学家、政治家、教育家。开启古文运动，为"唐宋八大家"之首，提出"文道合一"等主张，有《韩昌黎集》传世。

　　① 煦煦：和蔼的样子，此处指小恩小惠。
　　② 孑孑：孤单，此处指不关社会痛痒的个人行为。

其小之也则宜。其所谓道，道其所道，非吾所谓道也。其所谓德，德其所德，非吾所谓德也。凡吾所谓道德云者，合仁与义言之也，天下之公言也。老子之所谓道德云者，去仁与义言之也，一人之私言也。

周道衰，孔子没，火于秦，黄、老于汉，佛于晋、魏、梁、隋之间。其言道德仁义者，不入于杨，则入于墨；不入于老，则入于佛。入于彼，必出于此。入者主之，出者奴之；入者附之，出者污之。噫！后之人其欲闻仁义道德之说，孰从而听之？老者曰：孔子，吾师之弟子也。佛者曰：孔子，吾师之弟子也。为孔子者，习闻其说，乐其诞而自小也，亦曰：吾师亦尝师之云尔。不惟举之于其口，而又笔之于其书。噫！后之人虽欲闻仁义道德之说，其孰从而求之？甚矣，人之好怪也！不求其端，不讯其末，惟怪之欲闻。

【赏析】

隋唐时期，宗教思想盛行，儒家思想受到巨大冲击而逐渐式微。鉴于此，韩愈作《原道》以维护儒学的基本观念，主张探求中国传统文化中的"道"，即儒家的"仁义道德"。文章开篇就提纲挈领地指出，博爱即仁、行事妥帖即义、从仁义出发处事即道、内心充满仁义而不求之于外即为德。在韩愈看来，"仁义道德"的原则不仅存在于内心，而且应当且一定会体现在人的待人接物、为人处世之中。明确何为仁、义、道、德后，韩愈进一步剖析道和德，并将儒家的"道"和"德"同道家的"道"和"德"进行了区分和解释。

韩愈从分析历史和社会发展的角度，阐明儒学"仁义道德"的道统，证明儒家学说在历史上具有合理性和重要性，以此尊崇儒家"诚意、正心、修身"的主张和追求"齐家、治国、明明德于天下"的理想，并批评那些只注重个人修养而忽视社会责任的社会思潮。

本文观点鲜明，"破立"结合，引证古今，层层剖析，论述儒学的优点，倡导恢复古道、尊崇优秀文化传统，在唐代古文中占重要地位。

厚德载物　雅量容人[※]

洪应明

地之秽者多生物，水之清者常无鱼。故君子当存含垢纳污之量，不可持好洁独行之操。

【赏析】

"水至清则无鱼，人至察则无徒。"生活的空间里污洁并存，良莠混杂，善恶交错，要想成就一番事业就必须有清浊并容的雅量。善于与不同的人、

　　※ 选自孙林译注：《菜根谭》，中华书局2022年版。题名为编者所加。洪应明，字自诚，号还初道人，生卒年不详，明代思想家、学者，约明神宗万历年间在世。除著名的《菜根谭》外，还编著《仙佛奇踪》四卷。

不同的环境打交道，这是我们立身处世的基本态度，也是一个人事业成功所必须具备的心理素质。

　　一个心地纯真、修养很高的人往往容易有缺乏容人雅量的不足，因为自己道德自律严，便推己及人。或者太孤芳自赏、自命清高，使自身陷入孤立无援状态，就谈不上事业有所成就。世间并无绝对的真理，而且正邪善恶交错，没有什么东西是绝对的、不相联系的。立身处世必须有清浊并容的雅量。一个人要想创造一番事业，就必须有恢宏的气度，能容天下的人才能为天下人所容，所以凡是一个能创大事业的人一定有容忍人的度量。容忍小人虽然在实际上很难做到，但为了事业上的成功，为了照顾大局，就必须有"厚德载物，雅量容人"的胸襟。应该说谦让是美德，容人同样为美德。

日知录·卷一（节选）※

顾炎武

"内文明而外柔顺"，其文王之困而亨者乎？"不怨天，不尤人，下学而上达"，其孔子之困而亨者乎？故在陈之厄[①]，弦歌之志，颜渊知之，而子路、子贡之徒未足以达此也。故曰："《困》，德之

※ 选自顾炎武撰，黄汝成集释，栾保群校点：《日知录集释》，中华书局2020年版。顾炎武（1613—1682），明末清初思想家、学者。初名继绅、绛，字忠清，后改名炎武，字宁人，居亭林镇，学者尊称"亭林先生"。与黄宗羲、王夫之合称"清初三先生"，加上唐甄合称明末清初"四大启蒙思想家"。著有《日知录》《音学五书》《天下郡国利病书》《肇域志》《亭林诗文集》等书。

① 陈之厄：指孔子在陈国遭遇断粮困境。

辨也。"

【赏析】

本篇以周文王和孔子的遭遇阐释《困》卦。《困》卦为兑上坎下，即泽水困，意为由于某种原因，沼泽的水不断地往下流失，时间久了，到最后水全部流干，成为如同沙漠般的死地，这就是"困"。相传在羑里遭商纣囚禁后，周文王在"牢狱"中推演出了周易之道。孔子在陈国和蔡国遭遇困厄，仍同弟子们弹琴唱歌、相互问答。问答中，子路、子贡等都表达或流露出不悦之色，唯有颜渊理解孔子，认为孔氏推行大道不被接受，更能显示其君子之操守和德性。

由此观之，圣人之德，就在于无论处境好坏，均可坚持内心的信念和追求，在身边找到真正有价值的事物。一个人的道德修养，往往需要特定的环境才能得到充分的体现。艰苦的条件可以考验一个人的意志和毅力，险恶的环境可以考验一个人的立场是否足够坚定。正如太史公所言："文王拘而演《周易》；仲尼厄而作《春秋》；屈原放逐，乃赋

《离骚》；左丘失明，厥有《国语》；孙子膑脚，兵法修列；不韦迁蜀，世传《吕览》；韩非囚秦，《说难》、《孤愤》；《诗》三百篇，大底贤圣发愤之所为作也。"人生不可能一直顺风顺水，旅途中的得，也伴随着不断的失去。面对困境之时，应该及时调整心态，坦然面对现实，坚守住自己的底线，更要寻找时机，主动采取有效行动，展现自身的能力。

思想品读

爱读书
读好书
善读书

反杜林论（节选）※

弗·恩格斯

但是，天真的读者或许要问，杜林先生在什么地方清楚地说过，他的现实哲学的内容是最后的甚至是终极的真理呢？在什么地方？例如在我们在第二章部分地引证的对他自己的体系的颂歌中，或者在上面引证的那段话里，他说：道德的真理，只要它们的最终的基础都已经被认识，就可以要求具有同数学的认识相似的适用性。而且，杜林先生难道不是断定，从他的真正批判的观点出发，通过他的

※ 选自《马克思恩格斯选集》（第三卷），人民出版社2012年版。

穷根究底的研究，就可以深入到这种最终的基础、基本的模式，因而就赋予道德的真理以最后的终极性吗？如果杜林先生既不是为自己也不是为他的时代提出这样的要求，如果他只是想说，在渺茫的未来的某个时候能够确立最后的终极的真理，因而，他想大致地、只是较为混乱地说些与"腐蚀性怀疑"和"极端紊乱"相同的东西，那么，这种喧嚣是为了什么呢？这位先生想要做什么呢？

如果说，在真理和谬误的问题上我们没有什么前进，那么在善和恶的问题上就更没有前进了。这一对立完全是在道德领域中，也就是在属于人类历史的领域中运动，在这里播下的最后的终极的真理恰恰是最稀少的。善恶观念从一个民族到另一个民族、从一个时代到另一个时代变更得这样厉害，以致它们常常是互相直接矛盾的。但是，如果有人反驳说，无论如何善不是恶，恶不是善；如果把善恶混淆起来，那么一切道德都将完结，而每个人都将可以为所欲为了。杜林先生的意见，只要除去一切隐晦玄妙的词句，就是这样的。但是问题毕竟不是这样简单地解决的。如果事情真的这样简单，那么关于善和恶就根本不会有争论了，每个人都会知道什么是善，什么是恶。但是今天的情形是怎样的呢？今天向我们宣扬的是什么样的道德呢？首先是由过去信教时代传下来的基督教的封建的道德，这种道德主要又分成天主教的和新教的道德，其中又不乏不同分支，从耶稣会天主教的和正统新教的道德，直到松弛的启蒙的道德。和这些道德并列的，有现代资产阶级的道德，和资产阶级道德并列的，又有未来的无产阶级道德，所以仅仅在欧洲最先进国家中，过去、现在和将来就提供了三大类同时和并列地起作用的道德论。哪一种是合乎真理的呢？如果就绝对的终极性来说，哪一种也不是；但是，现在代表着现状的变革、代表着未来的那种道德，即无产阶级道德，肯定拥有最多的能够长久保持的因素。

但是，如果我们看到，现代社会的三个阶级即封建贵族、资产阶级和无产阶级都各有自己的特殊的道德，那么我们由此只能得出这样的结论：人们自觉地或不自觉地，归根到底总是从他们阶级地位所依据的实际关系中——从他们进行生产和交换的经济关系中，获得自己的伦理观念。

但是在上述三种道德论中还是有一些对所有这三者来说都是共同的东西——这不至少就是一成不变的道德的一部分吗？——这三种道德论代表同一历史发展的三个不同阶段，所以有共同的历史背景，正因为这样，就必然有许多共同之处。不仅如此，对同样的或差不多同样的经济发展阶段来说，道德论必然是或多或少地互相一致的。从动产的私有制发展起来的时候起，在一切存在着这种私有制的社会里，道德戒律一定是共同的：切勿偷盗。这个戒律是否因此而成为永恒的道德戒律呢？绝对不会。在偷盗动机已被消除的社会里，就是说在随着时间的推移顶多只有精神病患者才会偷盗的社会里，如果一个道德说教者想庄严地宣布一条永恒真理：切勿偷盗，那他将会遭到什么样的嘲笑啊！

因此，我们拒绝想把任何道德教条当做永恒的、终极的、从此不变的伦理规律强加给我们的一切无理要求，这种要求的借口是，道德世界也有凌驾于历史和民族差别之上的不变的原则。相反，我们断定，一切以往的道德论归根到底都是当时的社会经济状况的产物。而社会直到现在是在阶级对立中运动的，所以道德始终是阶级的道德；它或者为统治阶级的统治和利益辩护，或者当被压迫阶级变得足够强大时，代表被压迫者对这个统治的反抗和他们的未来利益。没有人怀疑，在这里，在道德方面也和人类认识的所有其他部门一样，总的说是有过进步的。但是我们还没有越出阶级的道德。只有在不仅消灭了阶级对立，而且在实际生活中也忘却了这种对立的社会发展阶段上，超越阶级对立和超越对这种对立的回忆的、真正人的道德才成为可能。现在可以去评价杜林先生的自我吹嘘了。他竟在旧的阶级社会中要求在社会革命的前夜把一种永恒的、不以时间和现实变化为转移的道德强加给未来的无阶级的社会！我们姑且假定他对这种未来社会的结构至少是有概略了解的，——这一点我们直到现在还不知道。

纪念白求恩[※]

毛泽东

白求恩同志是加拿大共产党员，五十多岁了，为了帮助中国的抗日战争，受加拿大共产党和美国共产党的派遣，不远万里，来到中国。去年春上到延安，后来到五台山工作，不幸以身殉职。一个外国人，毫无利己的动机，把中国人民的解放事业当作他自己的事业，这是什么精神？这是国际主义的精神，这是共产主义的精神，每一个中国共产党员都要学习这种精神。列宁主义认为：资本主义国家

※ 选自《毛泽东选集》（第二卷），人民出版社1991年版。这是毛泽东同志为纪念白求恩写的悼念文章。

的无产阶级要拥护殖民地半殖民地人民的解放斗争，殖民地半殖民地的无产阶级要拥护资本主义国家的无产阶级的解放斗争，世界革命才能胜利。白求恩同志是实践了这一条列宁主义路线的。我们中国共产党员也要实践这一条路线。我们要和一切资本主义国家的无产阶级联合起来，要和日本的、英国的、美国的、德国的、意大利的以及一切资本主义国家的无产阶级联合起来，才能打倒帝国主义，解放我们的民族和人民，解放世界的民族和人民。这就是我们的国际主义，这就是我们用以反对狭隘民族主义和狭隘爱国主义的国际主义。

白求恩同志毫不利己专门利人的精神，表现在他对工作的极端的负责任，对同志对人民的极端的热忱。每个共产党员都要学习他。不少的人对工作不负责任，拈轻怕重，把重担子推给人家，自己挑轻的。一事当前，先替自己打算，然后再替别人打算。出了一点力就觉得了不起，喜欢自吹，生怕人家不知道。对同志对人民不是满腔热忱，而是冷冷清清，漠不关心，麻木不仁。这种人其实不是共产党员，至少不能算一个纯粹的共产党员。从前线回来的人说到白求恩，没有一个不佩服，没有一个不为他的精神所感动。晋察冀边区的军民，凡亲身受过白求恩医生的治疗和亲眼看过白求恩医生的工作的，无不为之感动。每一个共产党员，一定要学习白求恩同志的这种真正共产主义者的精神。

白求恩同志是个医生，他以医疗为职业，对技术精益求精；在整个八路军医务系统中，他的医术是很高明的。这对于一班见异思迁的人，对于一班鄙薄技术工作以为不足道、以为无出路的人，也是一个极好的教训。

我和白求恩同志只见过一面。后来他给我来过许多信。可是因为忙，仅回过他一封信，还不知他收到没有。对于他的死，我是很悲痛的。现在大家纪念他，可见他的精神感人之深。我们大家要学习他毫无自私自利之心的精神。从这点出发，就可以变为大有利于人民的人。一个人能力有大小，但只要有这点精神，就是一个高尚的人，一个纯粹的人，一个有道德的人，一个脱离了低级趣味的人，一个有益于人民的人。

（1939年12月21日）

贯彻调整方针，保证安定团结（节选）[※]

邓小平

要通过思想政治工作，加强全党的组织性、纪律性。各级组织、每个党员都要按照党章的规定，一切行动服从上级组织的决定，尤其是必须同党中央保持政治上的一致。这一点在现在特别重要。谁要违反这一点，谁就要受到党的纪律的处分。党的纪律检查工作要把这一点作为当前的重点。

要教育全党同志发扬大公无私、服从大局、艰苦奋斗、廉洁奉公的精神，坚持共产主义思想和共

　　※ 选自《邓小平文选》（第二卷），人民出版社1994年版。这是邓小平同志在中共中央工作会议上的讲话的一部分。

产主义道德。我们要建设的社会主义国家，不但要有高度的物质文明，而且要有高度的精神文明。所谓精神文明，不但是指教育、科学、文化（这是完全必要的），而且是指共产主义的思想、理想、信念、道德、纪律，革命的立场和原则，人与人的同志式关系，等等。学习和培养这些革命精神，并不需要多么好的物质条件，也不需要多么高的教育程度。我们不是靠马克思主义的科学理论和上述的革命精神参加革命到现在吗？从延安到新中国，除了靠正确的政治方向以外，不是靠这些宝贵的革命精神吸引了全国人民和国外友好人士吗？没有这种精神文明，没有共产主义思想，没有共产主义道德，怎么能建设社会主义？党和政府愈是实行各项经济改革和对外开放的政策，党员尤其是党的高级负责干部，就愈要高度重视、愈要身体力行共产主义思想和共产主义道德。否则，我们自己在精神上解除了武装，还怎么能教育青年，还怎么能领导国家和人民建设社会主义！我们在新民主主义革命时期，就已经坚持用共产主义的思想体系指导整个工作；用共产主义道德约束共产党员和先进分子的言行；

提倡和表彰"全心全意为人民服务","个人服从组织","大公无私","毫不利己、专门利人","一不怕苦、二不怕死"。现在已经进入社会主义时期，有人居然对这些庄严的革命口号进行"批判"，而这种荒唐的"批判"不仅没有受到应有的抵制，居然还得到我们队伍中一些人的同情和支持。每一个有党性、有革命性的共产党员，难道能够容忍这种状况继续下去吗？

毛泽东同志说过，人是要有一点精神的。在长期革命战争中，我们在正确的政治方向指导下，从分析实际情况出发，发扬革命和拚命精神，严守纪律和自我牺牲精神，大公无私和先人后己精神，压倒一切敌人、压倒一切困难的精神，坚持革命乐观主义、排除万难去争取胜利的精神，取得了伟大的胜利。搞社会主义建设，实现四个现代化，同样要在党中央的正确领导下，大大发扬这些精神。如果一个共产党员没有这些精神，就决不能算是一个合格的共产党员。不但如此，我们还要大声疾呼和以身作则地把这些精神推广到全体人民、全体青少年中间去，使之成为中华人民共和国的精神文明的主要支柱，为世界上一切要求革命、要求进步的人们所向往，也为世界上许多精神空虚、思想苦闷的人们所羡慕。

要大力加强党的组织、党员同群众的联系，要把国家的形势和困难、党的工作和政策经常真实地告诉群众。要坚决批评和纠正各种脱离群众、对群众疾苦不闻不问的错误。群众是我们力量的源泉，群众路线和群众观点是我们的传家宝。党的组织、党员和党的干部，必须同群众打成一片，绝对不能同群众相对立。如果哪个党组织严重脱离群众而不能坚决改正，那就丧失了力量的源泉，就一定要失败，就会被人民抛弃。全党同志，各级干部，特别是领导干部，必须经常记住这一点，经常用这个标准检查自己的一切言行。

一定要努力帮助群众解决一切能够解决的困难。暂时无法解决的困难，要耐心恳切地向群众解释清楚。

（1980 年 12 月 25 日）

把培育和弘扬社会主义核心价值观作为凝魂聚气、强基固本的基础工程（节选）※

习近平

我们要从巩固全党全国各族人民团结奋斗的共同思想基础、巩固党的执政地位的战略高度，持续加强社会主义核心价值体系建设，把培育和弘扬社会主义核心价值观作为凝魂聚气、强基固本的基础工程，作为一项根本任务，切实抓紧抓好。

第一，培育和弘扬社会主义核心价值观必须立足中华优秀传统文化。牢固的核心价值观，都有其

※ 选自习近平：《论党的宣传思想工作》，中央文献出版社2020年版。这是习近平同志主持中共十八届中央政治局第十三次集体学习时的讲话的一部分。

固有的根本。抛弃传统、丢掉根本，就等于割断了自己的精神命脉。对我们来说，博大精深的中华优秀传统文化是我们在世界文化激荡中站稳脚跟的根基。

中华文化源远流长，积淀着中华民族最深层的精神追求，代表着中华民族独特的精神标识，为中华民族生生不息、发展壮大提供了丰厚滋养。中华传统美德是中华文化精髓，也受到国际社会推崇和称赞。英国哲学家罗素说："中国至高无上的伦理品质中的一些东西，现代世界极为需要"，"若能够被全世界采纳，地球上肯定比现在有更多的欢乐祥和"。现在，国际上出现"中华文化热"、"孔子热"，很多人都在探讨中华文化的时代价值，这也表明了中华文化具有重要现实意义。

长期以来，由于多方面原因，人们对我国传统文化有许多不同看法。五四时期，学术界、思想界对我国传统文化进行了不同程度的批判，提出了"打倒孔家店"的口号。"文化大革命"时期，我国传统文化遭到了全面批判，其消极影响至今没有完全消除。即使今天，人们对我国传统文化仍然存在很大分歧。

不忘本来才能开辟未来，善于继承才能更好创新。我去年到山东考察调研，去了曲阜，在那儿我说过，对历史文化特别是先人传承下来的价值理念和道德规范，要坚持古为今用、推陈出新，有鉴别地加以对待，有扬弃地予以继承。这就是说，我们既不要片面地讲厚古薄今，又不要片面地讲厚今薄古，而是要本着科学的态度，继承和弘扬中华优秀传统文化，努力用中华民族创造的一切精神财富来以文化人、以文育人。

"道德当身，故不以物惑。"中华优秀传统文化，蕴含着丰富的思想道德资源。比如，在坚守道德底线方面，强调"己所不欲，勿施于人"、"与人为善"、"以己度人"、"推己及人"，"君子忧道不忧贫"，要恪守"良知"，做到"俯仰无愧"。再比如，在树立道德理想方面，强调"大道之行也，天下为公"，人要"止于至善"，有社会责任感，追求崇高理想和完美人格，倡导"兼善天下"、"利济苍生"、"修身齐家治国平天下"，"见贤思齐焉，见不贤而内自省也"，做君子、成圣贤。我们要利用好中华优秀传统文化中的这些宝贵资源，增强人们的价值判断力和道德责任感，不断提高人们道德水平，提升人们道德境界。

要讲清楚中华优秀传统文化的历史渊源、发展脉络、基本走向，讲清楚中华文化的独特创造、价值理念、鲜明特色，增强文化自信和价值观自信。要认真汲取中华优秀传统文化的思想精华和道德精髓，大力弘扬以爱国主义为核心的民族精神和以改革创新为核心的时代精神，深入挖掘和阐发中华优秀传统文化讲仁爱、重民本、守诚信、崇正义、尚和合、求大同的时代价值，使中华优秀传统文化成为涵养社会主义核心价值观的重要源泉。

当然，中华优秀传统文化与社会主义市场经济、民主政治、先进文化、社会治理等还存在需要协调适应的地方。弘扬中华优秀传统文化，要处理好继承和创造性发展的关系，重点做好创造性转化和创新性发展。创造性转化，就是要按照时代特点和要求，对那些至今仍有借鉴价值的内涵和陈旧的表现形式加以改造，赋予其新的时代内涵和现代表达形式，激活其生命力。创新性发展，就是要按照时代的新进步新进展，对中华优秀传统文化的内涵加以补充、拓展、完善，增强其影响力和感召力。

第二，切实把社会主义核心价值观贯穿于社会生活方方面面。马克思说："良心是由人的知识和全部生活方式来决定的。"社会主义核心价值观，包括中华优秀传统文化，只有被普遍理解和接受，才能为人们自觉遵守奉行。要通过教育引导、舆论宣传、文化熏陶、实践养成、制度保障等，使社会主义核心价值观内化为人们的精神追求，外化为人们的自觉行动。

教育引导是培育和弘扬社会主义核心价值观的基础性工作。要区分层次、突出重点，在全社会广泛开展社会主义核心价值观宣传教育。我强调几句话。第一句是榜样的力量是无穷的。党员、干部的一言一行、一举一动，对社会有着很强的示范作用，很大程度上影响着人民群众对核心价值观的认同。我们党是执政党，执政党在培养和弘扬社会主义核心价值观上做得如何，对全社会是有决定性作用的。广大党员、干部必须带头学习和弘扬社会主义核心价值观，用自己的模范行为和高尚人格感召群众、带动群众。第二句是要从娃娃抓起。"少成若天性，习惯之为常。"培育和弘扬社会主义核心价值观必须从小抓起、从学校抓起。要把社会主义核心价值观的基本内容和要求渗透到学校教育教学之中，体现在学校日常管理之中，做到进教材、进课堂、进头脑。第三句是要润物细无声。精神文化产品潜移默化地影响着人们的思想观念、价值判断、道德情操，对培育和弘扬社会主义核心价值观具有不可替代的作用。要运用各类文化形式，生动具体地表现社会主义核心价值观，用高质量高水平的作品形象地告诉人们什么是真善美，什么是假恶丑，什么是值得肯定和赞扬的，什么是必须反对和否定的。正所谓"树德莫如滋，去疾莫如尽"。

一种价值观要真正发挥作用，必须融入社会生活，让人们在实践中感知它、领悟它，达到"百姓日用而不知"的程度。在这方面，我国古代可以说是做到了极致，道德教育渗透到衣食住行、言谈举止各个方面，通过各种礼仪、制度来规范和约束人们的言行，强调"非礼勿视，非礼勿听"，"礼者人之规范，守礼所以立身也"。我们要注意把我们所提倡的与人们日常生活紧密联系起来，在落细、落小、落实上下功夫。要按照社会主义核心价值观的基本要求，健全各行各业规章制度，完善市民公约、乡规民约、学生守则等行为准则，使社会主义核心价值观成为人们日常工作生活的基本遵循。

礼仪是宣示价值观、教化人民的有效方式，要有计划地建立和规范一些礼仪制度，如升国旗仪式、成人仪式、入党入团入队仪式等，利用重大纪念日、民族传统节日等契机，组织开展形式多样的纪念庆典活动，传播主流价值，增强人们的认同感和归属感。一些重大礼仪活动要上升到国家层面，以发挥其社会教化作用。这就是"道之以德，齐之以礼，有耻且格"。

要把社会主义核心价值观的要求融入各种精神文明创建活动之中，吸引群众广泛参与，推动人们在为家庭谋幸福、为他人送温暖、为社会作贡献的过程中提高精神境界、培育文明风尚。要利用各种时机和场合，形成有利于培育和弘扬社会主义核心价值观的生活情景和社会氛围，使核心价值观的影响像空气一样无所不在、无时不有。

培育和弘扬社会主义核心价值观，不仅要靠思想教育、实践养成，而且要用体制机制来保障。西方国家在这方面是很下功夫的，虽然执政的党派不断更换，各领风骚四五年，但他们的价值理念保持着一定的稳定性和持续性，其中一个重要原因就是他们的制度设计、政策法规制定、司法行政行为等都置于核心价值理念的统摄之下。要发挥政策导向作用，使经济、政治、文化、社会等方方面面政策都有利于社会主义核心价值观的培育。要把社会主义核心价值观的要求转化为具有刚性约束力的法律规定，用法律来推动核心价值观建设。各种社会管理要承担起倡导社会主义核心价值观的责任，注重在日常管理中体现价值导向，使符合核心价值观的行为得到鼓励、违背核心价值观的行为受到制约。

　　总之，我们要继承和发扬中华优秀传统文化和传统美德，广泛开展社会主义核心价值观宣传教育，积极引导人们讲道德、尊道德、守道德，追求高尚的道德理想，不断夯实中国特色社会主义的思想道德基础。

（2014年2月24日）

爱读书
读好书
善读书

人物风范

西谛先生 (节选)[※]

季羡林

西谛先生不幸逝世，到现在已经有二十多年了。听到飞机失事的消息时，我正在莫斯科。我仿佛当头挨了一棒，惊愕得说不出话来。我是震惊多于哀悼，惋惜胜过忆念，而且还有点惴惴不安。当我登上飞机回国时，同一架飞机中就放着西谛先生等六人的骨灰盒。我百感交集。当时我的心情之错综复杂可想而知。从那以后，在这样漫长的时间内，

※ 选自季羡林：《天雨曼陀罗：季羡林散文》，浙江文艺出版社2014年版。季羡林（1911—2009），字希逋，语言学家、文学家、史学家、教育家和社会活动家，代表作有《东方文学史》《禅与东方文化》等。

我不时想到西谛先生。每一想到，都不禁悲从中来。到了今天，震惊、惋惜之情已逝，而哀悼之意弥增。这哀悼，像烈酒，像火焰，燃烧着我的灵魂。

倘若论资排辈的话，西谛先生是我的老师。三十年代初期，我在清华大学读西洋文学系。但是从小学起，我对中国文学就有浓厚的兴趣。西谛先生是燕京大学中国文学系的教授，在清华兼课。我曾旁听过他的课。在课堂上，西谛先生是一个渊博的学者，掌握大量的资料，讲起课来，口若悬河泻水，滔滔不绝。他那透过高度的近视眼镜从讲台上向下看挤满了教室的学生的神态，至今仍宛然如在目前。

当时的教授一般都有一点所谓"教授架子"。在中国话里，"架子"这个词儿同"面子"一样，是难以捉摸，难以形容描绘的，好像非常虚无缥缈，但它又确实存在。有极少数教授自命清高，但精神和物质待遇却非常优厚。在他们心里，在别人眼中，他们好像是高人一等，不食人间烟火，而实则饱餍粱肉，进可以攻，退可以守，其中有人确实也是官运亨通，青云直上，成了羡慕的对象。存在决定意识。因此就产生了架子。

这些教授的对立面就是我们学生。我们的经济情况有好有坏，但是不富裕的占大多数，然而也不至于挨饿。我当时就是这样一个学生。处境相同，容易引起类似同病相怜的感情；爱好相同，又容易同声相求。因此，我就有了几个都是爱好文学的伙伴，经常在一起，其中有吴组缃、林庚、李长之等等。虽然我们所在的系不同，但却常常会面，有时在工字厅大厅中，有时在大礼堂里，有时又在荷花池旁"水木清华"的匾下。我们当时差不多都才二十岁左右，阅世未深，尚无世故，正是天不怕地不怕的时候。我们经常高谈阔论，臧否天下人物，特别是古今文学家，直抒胸臆，全无顾忌。幼稚恐怕是难免的，但是没有一点框框，却也有可爱之处。我们好像是《世说新语》中的人物，任性纵情，毫不矫饰。我们谈论《红楼梦》，我们谈论《水浒传》，我们谈论《儒林外史》，每个人都努力发一些怪论，"语不惊人死不休"。记得茅盾的《子夜》出版时，我们间曾掀起一场颇为热烈的大辩论，我们辩论的声音在工字厅大厅中回荡。但事过之后，谁也不再介意。我们有时候也把自己写的东西，什么诗歌之类，拿给大家看，而且自己夸耀哪句是神来之笔，一点也不脸红。现在想来，好像是别人干的事，然而确实是自己干的事，这样的率真只在那时候能有，以后只能追忆珍惜了。

在当时的社会上，封建思想弥漫，论资排辈好像是天经地义。一个青年要想出头，那是非常困难的。如果没有奥援，不走门子，除了极个别的奇才异能之士外，谁也别想往上爬。那些少数出身于名门贵阀的子弟，他们丝毫也不担心，毕业后爷老子有的是钱，可以送他出洋镀金，回国后优缺美差在等候着他们。而绝大多数的青年经常为所谓"饭碗问题"担忧，我们也曾为"毕业即失业"这一句话吓得发抖。我们的一线希望就寄托在教授身上。在我们眼中，教授简直如神仙中人，高不可攀。教授们自然也是感觉到这一点的，他们之所以有架子，同这种情况是分不开的。我们对这种架子已经习以为常，不以为怪了。

我就是在这样的气氛中认识西谛先生的。

最初我当然对他并不完全了解。但是同他一接触，我就感到他同别的教授不同，简直不像是一个教授。在他身上，看不到半点教授架子。他也没有一点论资排辈的恶习。他自己好像并不觉得比我们长一辈，他完全是以平等的态度对待我们。他有时就像一个大孩子，不失其赤子之心。他说话非常坦率，有什么想法就说了出来，既不装腔作势，也不以势吓人。他从来不想教训人，任何时候都是亲切和蔼的。当时流行在社会上的那种帮派习气，在他身上也找不到。只要他认为有一技之长的，不管是老年、中年还是青年，他都一视同仁。因此，我们在背后就常常说他是一个宋江式的人物。他当时正同巴金、靳以主编一个大型的文学刊物《文学季刊》，按照惯例是要找些名人来当主编或编委的。这样可以给刊物镀上一层金，增加号召力量。他确实也找了一些名人，但是像我们这样一些无名又年轻之辈，他也决不嫌弃。我们当中有的人当上了编委，有的人当上特别撰稿人。自己的名字都煌煌然印在杂志的封面上，我们难免有些沾沾自喜。西谛先生对青年人的爱护，除了鲁迅先生外，恐怕并世无二。说老实话，我们有时候简直感到难以理解，有点受宠若惊了。

在这样的情况下，我们既景仰他学问之渊博，又热爱他为人之亲切平易，于是就很愿意同他接触。只要有机会，我们总去旁听他的课。有时也到他家去拜访他。记得在一个秋天的夜晚，我们几个人步行，从清华园走到燕园。他的家好像就在今天北大东门里面大烟筒下面。现在时过境迁，房子已经拆掉，沧海桑田，面目全非了。但是在当时给我的印象却是异常美好、至今难忘的。房子是旧式平房，外面有走廊，屋子里有地板，我的印象是非常高级的住宅。屋子里排满了书架，都是珍贵的红木做成的，整整齐齐地摆着珍贵的古代典籍，都是人间瑰宝，其中明清小说、戏剧的收藏更在全国首屈一指。屋子的气氛是优雅典丽的，书香飘拂在画栋雕梁之间。我们都狠狠地羡慕了一番。

总之，我们对西谛先生是尊敬的，是喜爱的。我们在背后常常谈到他，特别是他那些同别人不同的地方，我们更是津津乐道。背后议论人当然并不能算是美德，但是我们一点恶意都没有，只是觉得好玩而已。比如他的工作方式，我们当时就觉得非常奇怪。他兼职很多，常常奔走于城内城外。当时交通还不像现在这样方便。清华、燕京，宛如一个村镇，进城要长途跋涉。校车是有的，但非常少，有时候要骑驴，有时候坐人力车。西谛先生夹着一个大皮包，总是装满了稿子，鼓鼓囊囊的。他戴着深度的眼镜，跨着大步，风尘仆仆，来往于清华、燕京和北京城之间。我们在背后说笑话，说郑先生走路就像一只大骆驼。可是他一坐上校车，就打开大皮包拿出稿子，写起文章来。

据说他买书的方式也很特别。他爱书如命，认识许多书贾，一向不同书贾讲价钱，只要有好书，他就留下，手边也不一定就有钱偿付书价，他留下以后，什么时候有了钱就还账，没有钱就用别的书来对换。他自己也印了一些珍贵的古籍，比如《插图本中国文学史》《玄览堂丛书》之类。他有时候也用这些书去还书债。书贾愿意拿什么书，就拿什么书。他什么东西都喜欢大，喜欢多，出书也有独特的气派，与众不同。所有这一切我们也都觉得很好玩，很可爱。这更增加我们对他的敬爱。在我们眼中，西谛先生简直像长江大河，汪洋浩瀚；泰山华岳，庄严敦厚。当时的某一些名人同他一比，简直如小水洼、小土丘一般，有点微末不足道了。

但是时间只是不停地逝去，转瞬过了四年，大学要毕业了。清华大学毕业以后，我回到故乡去，教了一年高中。我学的是西洋文学，教的却是国文，用现在的话说，就是"不结合业务"，因此心情并不很愉快。在这期间，我还同西谛先生通过信。他当时在上海，主编《文学》。我寄过一篇散文给他，他立即刊登了。他还写信给我，说他编了一个什么丛书，要给我出一本散文集。我没有去稿，所以也没有出成。过了一年，我得到一份奖学金，到很远的一个国家里去住了十年。从全世界范围来看，这正是一个天翻地覆的时代。在国内，有外敌入侵，大半个祖国变了颜色。在国外，正在进行着第二次世界大战。我在国外，挨饿先不必说，光是每天躲警报，就真够呛。杜甫的诗："烽火连三月，家书抵万金。"我的处境是"烽火连十年，家书无从得"。同西谛先生当然失去了联系。

一直到了一九四六年的夏天，我才从国外回到上海。去国十年，漂洋万里，到了那繁华的上海，连个落脚的地方都没有。我曾在克家的榻榻米上睡过许多夜。这时候，西谛先生也正在上海。我同克家和辛笛去看过他几次，他还曾请我们吃过饭。他的老母亲亲自下厨房做福建菜，我们都非常感动，至今难以忘怀。当时上海反动势力极为猖獗。郑先生是他们的对立面。他主编一个争取民主的刊物，推动民主运动。反动派把他也看做眼中钉，据说是列入了黑名单。有一次，我同他谈到这个问题。完全出乎我的意料，他的面孔一下子红了起来，怒气冲冲，声震屋瓦，流露出极大的义愤与轻蔑。几十年来他给我的印象是和蔼可亲，平易近人，光风霁月，菩萨慈眉。我万万没有想到，他还有另一面：嫉恶如仇，横眉冷对，疾风迅雷，金刚怒目。原来我只是认识了西谛先生的一面，对另一面我连想都没有想过。现在总算比较完整地认识了西谛先生了。

星斗其文　赤子其人

——怀念沈从文老师（节选）※

汪曾祺

我认识他后，他经常来往的有杨振声、张奚若、金岳霖、朱光潜诸先生，梁思成林徽音夫妇。他们的交往真是君子之交，既无朋党色彩，也无酒食征逐。清茶一杯，闲谈片刻。杨先生有一次托沈先生带信，让我到南锣鼓巷他的住处去，我以为有什么事。去了，只是他亲自给我煮一杯咖啡，让我

※ 选自汪曾祺：《七里茶坊》，人民文学出版社2022年版。汪曾祺（1920—1997），中国当代小说家、散文家、戏剧家，代表作有《受戒》《端午的鸭蛋》《多年父子成兄弟》等。

看一本他收藏的姚茫父的册页。这册页的芯子只有火柴盒那样大，横的，是山水，用极富金石味的墨线勾轮廓，设极重的青绿，真是妙品。杨先生对待我这个初露头角的学生如此，则其接待沈先生的情形可知。杨先生和沈先生夫妇曾在颐和园住过一个时期，想来也不过是清晨或黄昏到后山谐趣园一带走走，看看湖里的金丝莲，或写出一张得意的字来，互相欣赏欣赏，其余时间各自在屋里读书做事，如此而已。沈先生对青年的帮助真是不遗余力。他曾经自己出钱为一个诗人出了第一本诗集。一九四七年，诗人柯原的父亲故去，家中拉了一笔债，沈先生提出卖字来帮助他。《益世报》登出了沈从文卖字的启事，买字的可定出规格，而将价款直接寄给诗人。柯原一九八〇年去看沈先生，沈先生才记起有这回事。他对学生的作品细心修改，寄给相熟的报刊，尽量争取发表。他这辈子为学生寄稿的邮费，加起来是一个相当可观的数字。抗战时期，通货膨胀，邮费也不断涨，往往寄一封信，信封正面反面都得贴满邮票。为了省一点邮费，沈先生总是把稿纸的天头地头页边都裁去，只留一个稿芯，这样分量轻一点。我在昆明写的稿子，几乎无一篇不是他寄出去的。一九四六年，郑振铎、李健吾先生在上海创办《文艺复兴》，沈先生把我的《小学校的钟声》和《复仇》寄去。这两篇稿子写出已经有几年，当时无地方可发表。稿子是用毛笔楷书写在学生作文的绿格本上的，郑先生收到，发现稿纸上已经叫蠹虫蛀了好些洞，使他大为激动。沈先生对我这个学生是很喜欢的。为了躲避日本飞机空袭，他们全家有一阵住在呈贡新街后迁跑马山桃源新村。沈先生有课时进城住两三天。他进城时，我都去看他。交稿子，看他收藏的宝贝，借书。沈先生的书是为了自己看，也为了借给别人看的。"借书一痴，还书一痴"，借书的痴子不少，还书的痴子可不多。有些书借出去一去无踪。有一次，晚上，我喝得烂醉，坐在路边，沈先生到一处演讲回来，以为是一个难民，生了病，走近看看，是我！他和两个同学把我扶到他住处，灌了好些釅茶，我才醒过来。有一回我去看他，牙疼，腮帮子肿得老高。沈先生开了门，一看，一句话没说，出去买了几个大橘子抱着回来了。沈先生的家庭是我见到的最好的家庭，随时都在亲切和谐气氛中，两个儿子，小龙小虎，兄弟怡怡。他们都很高尚清白，无丝毫庸俗习气，无一句粗鄙言语，——他们都很幽默，但幽默得很温雅。一家人于钱上都看得很淡。《沈从文文集》的稿费寄到，九千多元，大概开过家庭会议，又从存款中取出几百元，凑成一万，寄到家乡办学。沈先生也有生气的时候，也有极度烦恼痛苦的时候，在昆明，在北京，我都见到过，但多数时候都是笑眯眯的。他总是用一种善意的、含情的微笑，来看这个世界的一切。到了晚年，喜欢放声大笑，笑得合不拢嘴，且摆动双手作势，真像一个孩子。只有看破一切人事乘除，得失荣辱全置度外，心地明净无渣滓的人，才能这样畅快地大笑。

……

沈先生自奉甚薄。穿衣服从不讲究。他在《湘行散记》里说他穿了一件细毛料的长衫，这件长衫我可没见过。我见他时总是一件洗得褪了色的蓝布长衫，夹着一摞书，匆匆忙忙地走。解放后是蓝卡其布或涤卡的干部服，黑灯芯绒的"懒汉鞋"。有一年做了一件皮大衣（我记得是从房东手里买得的一件旧皮袍改制的，灰色粗线呢面），他穿在身上，说是很暖和，高兴得像一个孩子。吃得很清淡。我没见他下过一次馆子。在昆明，我到文林街20号他的宿舍去看他，到吃饭时总是到对面米线铺吃一碗一角三分钱的米线。有时加一个西红柿，打一个鸡蛋，超不过两角五分。三姐是会做菜的，会做八宝糯米鸭，炖在一个大砂锅里。但不常做。他们住在中老胡同时，有时张充和骑自行车到前门月盛斋买一包烧羊肉回来，就算加了菜了。在小羊宜宾胡同时，常吃的不外是炒四川的菜头，炒茨菰。沈先生爱吃茨菰，说"这个好，比土豆'格'高"。他在《自传》里说他很会炖狗肉，我在昆明，在北京都没见他炖过一次。有一次他到他的助手王亚蓉家去，先来看看我（王亚蓉住在我们家马路对面，——他七十多了，血压高到二百多，还常为了一点研究资料上的小事到处跑），我让他过一会来吃饭。他带来一卷画，是古代马戏图的摹本，实在是很精彩。他非常得意地问我的女儿："精彩吧？"那天我给他做了一只烧羊腿，一条鱼。他回家一再向三姐称道："真好吃。"他经常吃的荤菜，是：猪头肉。

他的丧事十分简单。他凡事不喜张扬，最反对搞个人的纪念活动，反对"办生做寿"。他生前屡次嘱咐家人，他死后，不开追悼会，不举行遗体告别。但火化之前，总要有一点仪式。新华社消息的标题是沈从文告别亲友和读者，是合适的，只通知少数亲友。——有一些景仰他的人是未接通知自己去的。不收花圈，只有约二十多个布满鲜花的花篮，很大的白色的百合花、康乃馨、菊花、菖兰。参加仪式的人也不戴纸制的白花，但每人发给一枝半开的月季，行礼后放在遗体边。不放哀乐，放沈先生生前喜爱的音乐，如贝多芬的"悲怆"奏鸣曲等。沈先生面色如生，很安详地躺着。我走近他身边，看着他，久久不能离开。这样一个人，就这样地去了。我看他一眼，又看一眼，我哭了。

沈先生家有一盆虎耳草，种在一个椭圆形的小小钧窑盆里。很多人不认识这种草。这就是《边城》里翠翠在梦里采摘的那种草，沈先生喜欢的草。

永远的巴金[※]

王　蒙

在这个星空之夜，巴金走了。

如果设想一下近百年来最受欢迎和影响最大的一部长篇小说，我想应该是巴金的《家》。早在小时候，我的母亲与姨母就在议论鸣凤和觉慧，梅表姐和琴，觉新觉民高老太爷和老不死的冯乐山，且议且叹，如数家珍。

而等到我自己迷于阅读的时候，我宁愿读《灭

　　※ 选自王蒙：《王蒙散文》，人民文学出版社2022年版。王蒙（1934—　），中国当代作家、学者，著有《青春万岁》《组织部来了个年轻人》等小说，并创作大量诗歌、散文、随笔等作品。

亡》和《新生》，因为这两本书里写了革命，哪怕是幻想中的革命，写了牺牲，写了被压迫者的苦难和统治者的罪恶。我还记得《灭亡》的扉页上写的取自《圣经》上的一句话，说是一粒种子只是一粒种子，但是如果把它放到泥土里，它自身死了，却会结出千百万粒种子。这话使我十分震动，使我向往泥土，也向往并且震动于献身和牺牲的价值。

"文化大革命"开始以后，我在伊犁，同院有一对工人夫妇，他们找了一本《家》偷偷阅读，读得津津有味，放低了声音告诉我他们阅读的感想。他们现在才知道《家》？这使我觉得他们未免少见多怪。到现在《家》仍然感染着征服着年轻的读者，这又使我赞叹感奋不已。然后我和妻把书拿过来，重新读一遍，仍然像读一本新书一样的心潮澎湃。

我也读过巴金写的与译的《春天里的秋天》《秋天里的春天》，还有《寒夜》《憩园》等等，我深深感到了巴金的热烈的情思，哪怕这种情是用无望的寒冷色调来表现的。甚至在他晚年以后，他写什么都是那样的充沛、细密、水滴石穿，火灼心肺。巴金的书永远像火炬一样地燃烧,巴金的心永远为青春、为爱、为人民而淌血。

只是在"文化大革命"以后我才有机会见到老人,他忧心忡忡,他言之谆谆,他反思历史,他保护青年,他永远寄希望于未来。他远远不像许多作家那样善于辞令,善于表演,善于抖机灵式地卖弄。作为一个作家他太老实,太朴实无华,对不起,我要说是太呆气啦。

他在关于《家》的文字中一次又一次地书写:"青春是美丽的。"所以他特别痛恨那些戕害青年、压迫人性、敌视文学艺术、维护封建道统的顽固派。他看到了太多的不应该不幸的人却遭到了不幸,他充满了感情的郁积。直到晚年,在建国五十周年的前夕,他与张光年同志一起泛舟杭州西湖的时候,他才表示,(由于国家的发展)"现在中国人能够直起点腰来了!"

我在一次又一次的交往中,还从来没有听他老人家讲过一句这种欣慰的话。他太苦了。我从前说过,当代中国至少有两个痛苦的作家,一个是巴金,一个是张承志。这也是先天下之忧而忧,后天下之乐而乐吧。

巴金的作品其实一向直言不讳，拥护什么，同情什么，反对什么，都清晰强烈。一个爱国主义，一个人道主义，是他终身的信仰——这是他在迎接第五次作家代表大会的时候说的。他甚至于讲得有点极端，因为在另一个场合他曾经说自己不是文学家，他拿起笔来只是为了呼唤光明与驱逐黑暗。他喜欢高尔基的作品中描写过的俄罗斯民间故事，有一个英雄叫丹柯，他为了率领人们走出黑暗的树林，他掏出了自己的心脏，作为火炬，照亮了夜路。所以他一辈子说是要把心交给读者，他是这样说的，也是这样做的。他是一个用心用自己的全部生命来写作，来做人的人。所以提起历史教训来他永远是念念于心，他太了解历史的代价了，他不希望看到历史的曲折重演。在他的倡议下，世界一流的现代文学馆终于建成了，这是"五四"以来的现代文学的丰碑，也永远是巴金老人的纪念馆。没有巴金就没有现代文学馆。他还想纪念与记住一些远为沉重的东西，那样的记忆已经凝固在他的晚年巨著《随想录》里，把记忆和反思镌刻在人们的心底了。

"我已经快要走到生命的尽头了，但是我并不悲观，我把希望寄托在青年人身上……"在他年老以后，他一次又一次地这样说。他像老母鸡一样地用自己的翅膀庇护着年轻人。他与女儿李小林主编的《收获》本身就是勤于耕耘、勇于创新、尊重传统、推举新秀的园地。"要多写，要多写一点……"他一次又一次地对我说。在他还能行动的时候，每次我去看望他，他老人家总要边叮嘱边站立着……走出房门相送，而当我紧张劝阻的时候，他与女儿小林都解释说他也需要活动活动。我们握手，他的手常常冰凉，小林说他的习惯是体温维持较低，然而他的心永远火烫。他不怎么笑，有时候想说两句笑话，如说到张洁的一篇荒诞讽刺小说，但是他的神情仍然认真而且苦涩、无奈。有一次，我看他老态沉重了，便信口开河起来，我说作家之间的无穷内斗可以组织麻将大赛决定输赢，青年热血过度沸腾可以组织摇滚或秧歌大赛，优胜者可以免费环球旅行。他笑了。他用执着的四川口音重复我的话说："哦？这就是你的救世良策？"他每一个字都吐得那样认真，使我惶恐觳觫无地。事后我愈想愈悔，便打电话给小林致歉并检讨自己的放肆，但是小林说那次见面是他老一些日子以来最高兴的一次。唉，他总是那样诚实、谦虚、质朴、无私。他永远踏踏实实地活在中国的土地上。他提倡讲真话提倡了一生，却遭到过诋毁，曰："真话不等于真理"，倒像是假话更接近真理。现在，这种雄辩的嚼舌已经不怎么行时了，巴金的矗立是真诚的真实的与真挚的文学对于假大空伪文学的胜出。

想一想他，我们刚刚有一点懈怠轻狂，迅速变成了汗流浃背。

（2005年10月19日）

文天祥千秋祭（节选）※

卞毓方

说到文天祥的崇高人格，我们不能不想到他那些撼天地、慑鬼神的诗篇。请允许我在此将笔稍微拐一下。纵观世界文学史，最为悲壮、高亢的诗文，往往是在人生最激烈、惨痛的漩涡里分娩。因为写它的不是笔，是生命的孤注一掷。这方面，中国的例子读者都很熟悉，就不举了。国外太大，姑且画一个小圈子，限定在文天祥同一时代。我想到意大利的世界级诗人但丁，他那在欧洲文学史上具

　　※ 选自卞毓方：《岁月游虹》，作家出版社1997年版。卞毓方（1944— ），中国当代作家、社会活动家，代表作有《长歌当啸》《千山独行》等。

有划时代意义的《神曲》，便是在流亡生活最苦难的阶段孕育。圈子还可以再画小，比如威尼斯旅行家，仅仅早文天祥四年到达燕京的马可·波罗，日后也是在热那亚的监狱里，口述他那部蜚声世界的游记。本文前面提到的太史公司马迁和南唐后主李煜，亦无例外，他二人分别是在刑余和亡国之后，才写下可歌可泣的力作。观照文天祥，情形也是如此。在他传世的诗文中，最为撼人心魄的，我认为有两篇。其一，就是前文提到的《过零丁洋》；其二，则是在囚禁中写下的《正气歌》。

你想知道《正气歌》的创作过程吗？应该说，文天祥早就在酝酿、构思了。滂沛在歌中的，是他自幼信奉的民族大义；呼啸在歌中的，是他九死一生的文谏武战；最后，催生这支歌的，则是他的宁死不屈的坚贞，以及在土牢里遭受的种种恶浊之气的挑战。

何为恶浊之气？关押文天祥的牢房，是一处狭窄，阴暗的土室，每当夏秋，外有烈日蒸晒，暴雨浸淫，内有炉火炙烤，加之朽木、霉米、腐土、垃圾，联合进攻，空气是坏得不能再坏的了。这时候的文天祥，愈加显出了他一腔凛然沛然浩然的正气，在常人难以忍受的恶劣环境里，照旧坐歌起吟，从容不迫。他把这些恶浊之气，总结为"水、土、白、火、米、人、秽"七种，并向天地宣称："彼气有七，吾气有一，以一乱七，吾何患焉！"——这就激发了他一生中最为高昂的《正气歌》。

让我们把镜头摇到公元一二八一年夏末的一个晚上。那天，牢房里苦热难耐，天祥无法入睡，他翻身坐起，点起案上的油灯，信手抽出几篇诗稿吟哦。渐渐地，他忘记了酷热，忘记了弥漫在周围的恶气浊气，仿佛又回到了"夜夜梦伊吕"的少年时代，又成了青年及第、雄心万丈的状元郎，又在上书直谏、痛斥奸佞、倡言改革，又在洒血攘袂、出生入死、慷慨悲歌……这时，天空中亮起了金鞭形的闪电，随后又传来了隐隐的雷声，天祥的心旌突然分外摇动起来。他一跃而起，摊开纸墨，提起笔，悬腕直书：

"天地有正气，杂然赋流形。

下则为河岳，上则为日星。

于人曰浩然，沛乎塞苍冥。

皇路当清夷，含和吐明庭。”

文天祥驻笔片刻，凝神思索。他想到自幼熟读的前朝英烈：春秋的齐太史、晋董狐，战国的张良，汉代的苏武，三国的严颜、管宁、诸葛亮，晋代的嵇绍、祖逖，唐代的张巡、颜杲卿、段秀实，他觉得天地间的正气正是充塞、洋溢在这十二位先贤的身上，并由他们的行为而光照日月。历史千百次地昭示，千百次啊：一旦两种健康、健全的人格走碰头，就好比两股涌浪，在大洋上相激，又好比两颗基本粒子，在高能状态下相撞，谁又能精确估出它所蕴藏的能量！又一道闪电在空中划过，瞬间将土牢照得如同白昼，文天祥秉笔书下：

“时穷节乃见，一一垂丹青。

在齐太史简，在晋董狐笔，

在秦张良椎，在汉苏武节……”

一串霹雳在天空炸响，风吹得灯光不住摇曳，文天祥的身影被投射到墙壁上，幻化成各种高大的形状，他继续俯身狂书：

> "是气所磅礴，凛烈万古存；
> 当其贯日月，生死安足论。
> 地维赖以立，天柱赖以尊；
> 三纲实系命，道义为之根……"

室外，突至的雨点开始鞭抽大地。室内，天祥前额也可见汗淋如雨。然而，他顾不得擦拭，只是一个劲地笔走龙蛇。强风吹开了牢门，散乱了他的头发，鼓荡起他的衣衫，将案上的诗稿吹得满屋飘飞，他兀自目运神光，浑然不觉。天地间的正气、先贤们的正气仿佛已经流转灌注到了他的四肢百骸、关关节节！

啊啊，古今的无穷雄文宝典，在这儿都要黯然失色。这不是寻常诗文，这是中华民族的慷慨呼啸。民族精魂在历史发展的紧要关头，常常要推出一些人来为社会立言。有时它是借屈原之口朗吟"哀民生之多艰"，有时它是借霍去病之口朗吟"匈奴未灭，何以家为！"这一次，便是借文天祥之口朗吟《正气歌》。歌之临空，则化为虹霓；歌之坠地，则凝作金石。五岳千山因了这支歌，而更增其高；北斗七星因了这支歌，而益显其明；前朝仁人因了这支歌，而大放光彩；后代志士因了这支歌，而脊梁愈挺。至此，文天祥是可以"求仁得仁"、从容捐躯的了，他已完成在尘世的使命，即将跨入辉煌的天国。

"哲人日已远，典型在夙昔。
风檐展书读，古道照颜色。"

写完最后四句，文天祥掷笔长啸。室外，滂沱大雨裂天而下，夹杂着摧枯拉朽的电闪雷鸣，天空大地似乎将要崩裂交合了。天祥凝立不动，身形俨如一尊山岳！

大无大有周恩来（节选）※

梁　衡

　　周恩来的六个"大无"，说到底是一个无私。公私之分古来有之，但真正的大公无私自共产党始。1998年是周恩来诞辰100周年，也是划时代的《共产党宣言》发表150周年。是这个《宣言》公开提出要消灭私有制，要求每个党员只有解放全人类才能最后解放自己。我敢大胆说一句，150年来，

　　※ 选自梁衡：《一个大党和一只小船——梁衡政治散文选》，人民出版社2011年版。梁衡（1946—　），著名新闻理论家、散文家、科普作家和政论家，曾任人民日报副总编辑。著有《没有新闻的角落》《新闻绿叶的脉络》《新闻原理的思考》等。

实践《宣言》精神，将公私关系处理得这样彻底、完美，达到如此绝妙之境者，周恩来是第一人。因为即使如马克思、恩格斯、列宁也没有他这样长期处于手握党权、政权的诱惑和身处各种矛盾的煎熬。总理在甩脱自我，真正实现"大无"的同时却得到了别人没有的"大有"。有大智、大勇、大才和大貌——那种倾城倾国，倾倒联合国的风貌，特别是他的大爱大德。

他爱心博大，覆盖国家、人民和整个世界。你看他大至处理国际关系，小至处理人际关系无不充满浓浓的、厚厚的爱心。美国领导集团和中国人民、中国共产党曾是积怨如山的，但是战争结束后，1954年周恩来第一次与美国代表团在日内瓦见面时就发出友好的表示，虽然美国国务卿杜勒斯拒绝了，或者是不敢接受，但周恩来还是满脸的宽厚与自信，就是这种宽厚与自信，终于吸引尼克松在我们新中国成立21年后，横跨太平洋到中国来与周恩来握手。国共两党是曾有血海深仇的，蒋介石曾以巨额大洋悬赏要周恩来的头。当西安事变发生时，蒋介石已成阶下囚，国人皆曰可杀，连曾经向蒋介石右倾过的陈独秀都高兴地连呼打酒来，蒋介石必死无疑。但是周恩来却带了10个人，进到刀枪如林的西安城去与蒋介石握手。周恩来长期代表中共与国民党谈判，在重庆、在南京、在北平。到最后，这些敌方代表竟为他的魅力所吸引，投向了中共。只有团长张治中说，别人可以留下，从手续上讲他应回去复命。周却坚决挽留，说西安事变已对不起一位姓张的朋友（张学良），这次不能重演悲剧，并立即通过地下党将张的家属也接到了北平。他的爱心征服了多少人，温暖了多少人，甚至连敌人也不得不叹服。宋美龄连问蒋介石，为什么我们就没有这样的人。美方与他长期打交道后，甚至后悔当初不该去扶植蒋介石。至于他对人民的爱，革命队伍内同志的爱，更是如雨润田，如土载物般地浑厚深沉。曾任党的总书记、犯过"左"倾路线错误的博古，可以说是经周恩来亲手"颠覆"下台的，但后来他们相处得很好，在重庆，博古成了周的得力助手。甚至像陈独秀这样曾给党造成血的损失，当他对自己的错误已有认识，并有回党的表示时，周恩来立即着手接洽此事，可惜未能谈成。恩格斯在马克思墓前讲话说："他可能有过许多敌人，但未必有一个私敌。"这话用来评价周恩来最合适不过。当周恩来去世时，无论东方西方，同声悲泣，整个地球都载不动这许多遗憾，许多愁。

周恩来为什么这样地感人至深，感人至久呢？正是这"六无"，"六有"，在人们心中撞击、翻搅和掀动着大起大落、大跌大荡的波浪。他的博爱与大德拯救、温暖和护佑了太多太多的人。自古以来，爱民之官受人爱。诸葛亮治蜀27年，而武侯祠香火不断1500年。陈毅游武侯祠道："孔明反胜昭烈（刘备）其何故也，余意孔明治蜀留有遗爱。"遗爱愈厚，念之愈切。平日常人相处尚投桃报李，有恩必报，而一个伟人再造了国家，复兴了民族，润泽了百姓，后人又怎能轻易地淡忘了他呢？我们是唯物论者，但我心里总觉得大概有一天还是会有人来要为总理修一座庙。庙是神的殿堂，神是后人在所有的前人中筛选出来的模范，比若忠义如关公，爱民如诸葛亮。周总理无论在自身修养和治国理政方面，功德、才智、得民心等都很像诸葛亮。

诸葛亮教子很严，他那篇有名的《诫子书》，教子"非淡泊无以明志，非宁静无以致远"。他勤俭持家，上书后主说，自己家有桑树800棵，薄田15顷，供给一家人的生活，余再无积蓄。这两件事都常为史家称道。呜呼，总理何如？他没有后，当然也没有什么教子格言；他没有遗产，去世时，家属各分到几件补丁衣服作纪念；他没有祠，没有墓，连灰都不知落在何方。他不立言，没有一篇《出师表》可以传世。他越是这样地没有，后人就越感念他的遗爱，那一个个没有也就越像一条条鞭子抽在人们的心上。鲁迅说，悲剧是把人生有价值的东西撕裂给人看。是命运从总理身上一条条地撕去许多本该属于他的东西，同时也在撕裂后人的心肺肝肠。那是永远无法弥补的遗憾，这遗憾又加倍转化为深深的思念。渐渐22年过去了，思念又转化为人们更深的思考，于是总理的人格力量在浓缩，在定格，在突现。而人格的力量一旦形成便是超时空的。不独总理，所有历史上的伟人，中国的司马迁、文天祥，外国的马克思、列宁，我们又何曾见过呢？爱因斯坦先生将一座物理大山凿穿而得出一个哲学结论：当速度等于光速时，时间就停止；当质量足够大时，它周围的空间就弯曲。那么，我们为什么不可以再提出一个"人格相对论"呢？当人格的力量达到一定强度时，它就会迅如光速而追附万物，穹庐空间而护佑生灵。我们与伟人当然就既无时间之差又无空间之别了。

这就是生命的哲学。

周恩来还会伴我们到永远。

爱读书
读好书
善读书

笔墨文心

十种德性相反相成义（节选）[※]

梁启超

其三　自信与虚心

自信力者，成就大业之原也。西哲有言曰："凡人皆立于所欲立之地，是故欲为豪杰，则豪杰矣；欲为奴隶，则奴隶矣。"孟子曰："自谓不能

※ 选自梁启超：《梁启超文集》，线装书局2009年版。梁启超（1873—1929），字卓如，一字任甫，号任公，又号饮冰室主人。清朝光绪年间举人，中国近代思想家、政治家、教育家、史学家、文学家，戊戌变法（百日维新）领袖之一、中国近代维新派、新法家代表人物。其著作合编为《饮冰室合集》。

者，自贼者也。"又曰："自暴者不可与有言也，自弃者不可与有为也。"天下人固有识想与议论过绝寻常，而所行事不能有益于大局者，必其自信力不足者也。有初时持一宗旨，任一事业，及为外界毁誉之所刺激，或半途变更废止，不能达其目的地者，必其自信力不足者也。居今日之中国，上之不可不冲破二千年顽谬之学理，内之不可不鏖战四百兆群盲之习俗，外之不可不对抗五洲万国猛烈侵略、温柔笼络之方策，非有绝大之气魄，绝大之胆量，何能于此四面楚歌中，打开一条血路，以导我国民于新世界者乎？伊尹曰："余天民之先觉者也，余将以斯道觉斯民也，非余觉之而谁也？"孟子曰："夫天未欲平治天下也，如欲平治天下，当今之世，舍我其谁也？"抑何其言之大而夸欤，自信则然耳！故我国民而自以为国权不能保，斯不能保矣；若人人以自信力奠定国权，强邻孰得而侮之？国民而自以为民权不能兴，斯不能兴矣；若人人以自信力夺争民权，民贼孰得而压之？而欲求国民全体之自信力，必先自志士仁人之自信力始！

或问曰：吾见有顽锢之辈，抱持中国一二经典古义，谓可以攘斥外国凌铄全球者，若是者非其自信力乎？吾见有少年学子，撷拾一二新理新说，遂自以为足，废学高谈，目空一切者，若是者非其自信力乎？由前之说，则中国人中富于自信力者，莫如端王、刚毅；由后之说，则如格兰斯顿之耄而向学，奈端之自视欿然，非其自信力之有不足乎？曰：恶，是何言欤！自信与虚心，相反而相成者也。人之能有自信力者，必其气象阔大，其胆识雄远，既注定一目的地，则必求贯达之而后已。而当其始之求此目的地也，必校群长以择之；其继之行此目的地也，必集群力以图之。故愈自重者愈不敢轻薄天下人，愈坚忍者愈不敢易视天下事。海纳百川，任重致远，殆其势所必然也。彼故见自封、一得自喜者，是表明其器小易盈之迹于天下。如河伯之见海若，终必望洋而气沮；如辽豕之到河东，卒乃怀惭而不前；未见其自信力之能全始全终者也。故自信与骄傲异：自信者常沈著，而骄傲者常浮扬；自信者在主权，而骄傲者在客气。故豪杰之士，其取于人者，常以三人行必有我师为心；其立于己者，常以百世俟圣而不惑为鹄。夫是之谓虚心之自信。

其四　利己与爱他

为我也，利己也，私也，中国古义以为恶德者也。是果恶德乎？曰：恶，是何言！天下之道德法律，未有不自利己而立者也。对于禽兽而倡自贵知类之义，则利己而已，而人类之所以能主宰世界者赖是焉；对于他族而倡爱国保种之义，则利己而已，而国民之所以能进步繁荣者赖是焉。故人而无利己之思想者，则必放弃其权利，弛掷其责任，而终至于无以自立。彼芸芸万类，平等竞存于天演界中，其能利己者必优而胜，其不能利己者必劣而败，此实有生之公例矣。西语曰："天助自助者。"故生人之大患，莫甚于不自助而望人之助我，不自利而欲人之利我。夫既谓之人矣，则安有肯助我而利我者乎？又安有能助我而利我者乎？国不自强，而望列国之为我保全，民不自治，而望君相之为我兴革，若是者，皆缺利己之德而已。昔中国杨朱以"为我"立教，曰："人人不拔一毫，人人不利天下，天下治矣。"吾昔甚疑其言，甚恶其言，及观英德诸国哲学大家之书，其所标名义与杨朱吻合者，不一而足；而其理论之完备，实有足以助人群之发达，进国民之文明者。盖西国政治之基础，在于民权，而民权之巩固，由于国民竞争权利，寸步不肯稍让，即以人人不拔一毫之心，以自利者利天下。观于此，然后知中国人号称利己心重者，实则非真利己也。苟其真利己，何以他人剥夺己之权利，握制己之生命，而恬然安之，恬然让之，曾不以为意也？故今日不独发明墨翟之学足以救中国，即发明杨朱之学亦足以救中国。

问者曰：然则爱他之义，可以吐弃乎？曰：是不然。利己心与爱他心，一而非二者也。近世哲学家，谓人类皆有两种爱己心：一本来之爱己心，二变相之爱己心。变相之爱己心者，即爱他心是也。凡人不能以一身而独立于世界也，于是乎有群。其处于一群之中而与俦侣共营生存也，势不能独享利益，而不顾俦侣之有害与否，苟或尔尔，则己之利未见而害先睹矣。故善能利己者，必先利其群，而后己之利亦从而进焉。以一家论，则我之家兴，我必蒙其福，我之家替，我必受其祸；以一国论，则国之强也，生长于其国者罔不强，国之亡也，生长于其国者罔不亡。故真能爱己者，不得不推此心以爱家、爱国，不得不推此心以爱家人、爱国人，于是乎爱他之义生焉。凡所以爱他者，亦为我而已。故苟深明二者之异名同源，固不必侈谈"兼爱"以为名高，亦不必讳言"为我"以自欺蔽。但使举利己之实，自然成为爱他之行；充爱他之量，自然能收利己之效。

道德为人生之艺术※

梁漱溟

普通人对于道德容易误会是拘谨的、枯燥无趣味的、格外的或较高远的，仿佛在日常生活之外的一件事情。按道德可从两方面去说明：一面是从社会学方面去说明，一面是从人生方面去说明。现在我从人生方面来说明。

上次所说的普通人对于道德的三点误会，由于

※ 选自中国文化书院学术委员会编：《梁漱溟全集》（第二卷），山东人民出版社 2005 年版。梁漱溟（1893—1988），蒙古族，原名焕鼎，字寿铭，著名思想家、哲学家、教育家、社会活动家，著有《中国文化要义》《印度哲学概论》《东西文化及其哲学》等。

他对道德没有认识使然；否则，便不会有这种误会。道德是什么？即是生命的和谐，也就是人生的艺术。所谓生命的和谐，即人生生理心理——知、情、意——的和谐；同时，亦是我的生命与社会其他的人的生命的和谐。所谓人生的艺术，就是会让生命和谐，会作人，作得痛快漂亮。凡是一个人在他生命某一点上，值得旁人看见佩服、点头、崇拜及感动的，就因他在这个地方，生命流露精彩，这与写字画画唱戏作诗作文等作到好处差不多。不过，在不学之人，其可歌可泣之事，从生命自然而有，并未于此讲求。然在儒家则与普通人不同，他注意讲求人生艺术。儒家圣人让你会要在他整个生活举凡一颦一笑一呼吸之间，都感动佩服，而从他使你的生命受到影响变化。以下再来分疏误会。

　　说到以拘谨，守规矩为道德，记起我和印度太戈尔的一段谈话。在民国十三年时，太戈尔先生到中国来，许多朋友要我与他谈话，我本也有话想同他谈，但因访他的人太多，所以未去。待他将离北平时，徐志摩先生约我去谈，并为我们作翻译。到那里，正值太戈尔与杨丙辰先生谈宗教问题。杨先生以儒家为宗教，而太戈尔则说不是的。当时徐先生指着我说：梁先生是孔子之徒。太戈尔说：我早知道了，很愿听梁先生谈谈儒家道理。我本无准备，只就他们的话而有所辨明。太戈尔为什么不认儒家是宗教呢？他以为宗教是在人类生命的深处有其根据的，所以能够影响人。尤其是伟大的宗教，其根于人类生命者愈深不可拔，其影响更大，空间上传播得很广，时间上亦传得很久远，不会被推倒。然而他看儒家似不是这样。仿佛孔子在人伦的方面和人生的各项事情上，讲究得很妥当周到，如父应慈，子应孝，朋友应有信义，以及居处恭，执事敬，与人忠等等，好像一部法典，规定得很完全。这些规定，自然都很妥当，都四平八稳的；可是不免离生命就远了。因为这些规定，要照顾各方，要得乎其中；顾外则遗内，求中则离根。因此太戈尔判定儒家不算宗教；而很奇怪儒家为什么能在人类社会上与其他各大宗教却有同样长久伟大的势力！我当时答他说：孔子不是宗教是对的；但孔子的道理却不尽在伦理纲常中。伦理纲常是社会一面。《论语》上说："吾十有五而志于学，三十而立，四十而不惑，五十而知天命，六十而耳顺，七十而从心所欲不逾矩。"所有这一层一层的内容，我们虽不十分明白，但可以看出他是说的自己生活，并未说到社会。又如《论语》上孔子称赞其门弟子颜回的两点："不迁怒，不二过，"也都是说其个人本身的事情，未曾说到外面。无论自己为学或教人，其着重之点，岂不明白吗？为何单从伦理纲常那外面粗的地方来看孔子呢？这是第一点。还有第二点，孔子不一定要四平八稳，得乎其中。你看孔子说："不得中行而与之，必也狂狷乎！"狂者志气很大，很豪放，不顾外面；狷者狷介，有所不为，对里面很认真；好像各趋一偏，一个左倾，一个右倾，两者相反，都不妥当。然而孔子却认为可以要得，因为中庸不可能，则还是这个好。其所以可取处，即在各自其生命真处发出来，没有什么敷衍牵就。反之，孔子所最不高兴的是乡愿，如谓："乡愿德之贼也。"又说："过我门而不入我室，我不憾焉者，其唯乡愿乎！"乡愿是什么？即是他没有他自己生命的真力量，而在社会上四面八方却都应付得很好，人家称他是好人。孟子指点得最明白："非之无举也，刺之无刺也，同乎流俗，合乎污世，居之似忠信，行之似廉洁，众皆悦之，自以为是，而不可与入尧舜之道。"那就是说外面难说不妥当，可惜内里缺乏真的。狂狷虽偏，偏虽不好，然而真的就好。——这是孔孟学派的真精神真态度，这与太戈尔所想像的儒家相差多远啊！太戈尔听我说过之后，很高兴地说："我长这样大没有听人说过儒家这道理；现在听梁先生的话，心里才明白。"世俗误会拘谨，守规矩为道德，正同太戈尔的误会差不多。其实那样正难免落归乡愿一途，正恐是德之贼呢！

误以为道德是枯燥没趣味的，或者与误认拘谨守规矩为道德的相连。道德诚然不是放纵浪漫；像平常人所想象的快乐仿佛都在放纵浪漫中，那自然为这里（道德）所无。然如你了解道德是生命的和谐，而非拘谨守规矩之谓，则生命和谐中趣味最深最永。"德者得也"，正谓有得于己，正谓有以自得。自得之乐，无待于外面的什么条件，所以其味永，其味深。我曾说过人生靠趣味，无趣味则人活不下去。活且活不下去，况讲到道德乎？这于道德完全隔膜。明儒王心斋先生有"乐学歌"，歌曰："乐是乐此学，学是学此乐，不乐不是学，不学不是乐。"其所指之学，便是道德，当真，不乐就不是道德呀！

道德也不是格外的事。记得梁任公先生、胡适之先生等解释人生道德，喜欢说小我大我的话，以为人生价值要在大我上求，他们好像必须把"我"扩大，才可把道德收进来。这话最不对！含着很多毛病。其实"我"不须扩大，宇宙只是一个"我"，只有在我们精神往下陷落时，宇宙与我才分开。如果我们精神不断向上奋进，生命与宇宙通而为一，实在分不开内外，分不开人家与我。孟子说："今人乍见孺子将入于井，皆有怵惕恻隐之心。"这时实分不出我与他（孺子）。"我"是无边际的，那有什么小我大我呢？虽然我们为人类社会着想，或为朋友为大众卖力气，然而均非格外的，等于我身上痒，我要搔一搔而已。

论民族固有道德※

邹韬奋

中山先生在"民族主义"讲演里，分析忠孝仁爱信义和平，为中国民族固有道德。近来守土长官，封疆大吏，对于侵略者只会屈服退让，对于小百姓只会残虐剥削，早已把总理遗教，抛在九霄云外，惟有所谓民族固有道德，却到处在提倡着。北自北平，南至广州，当局提倡旧道德，提倡读经复

※ 选自《中国现代散文经典文库》编委会编：《中国现代散文经典文库 邹韬奋卷》，大众文艺出版社2005年版。邹韬奋（1895—1944），本名恩润，乳名荫书，曾用名李晋卿，中国近代重要的记者和出版家，创办生活书店、三联书店，留有《韬奋文集》。

古，可谓不遗余力。虽然旧道德不是一面挡箭牌，可以抵挡侵略国的枪刺炮弹，旧道德也不是一服续命汤，可以挽救军阀独夫的没落运命，这有眼前事实证明，但是孙先生所谓民族固有道德，却依然值得我们来详细研究一下。

民族固有道德，以"忠"列第一位。"忠"的最大意义是忠于国家，忠于民族。但是现在恰巧相反。我们民族中间，出卖国家民族的汉奸一天天增多。大的如郑孝胥，赵欣伯，殷汝耕，石友三等等，小的如华北和福建的贫民，甚至为了两三毫钱，出卖给日本人。这种大大小小的汉奸，一个个升官发财，作威作福，而有民族气节，尽忠报国的志士，反而一个个消沉下去，这不是关怀民族道德的人们所最痛心的事吗？

许多贫苦无识的同胞，因遭层层剥削，无法生活，不得已而充当汉奸，这是可以原谅的。但是有些统兵将领，官僚政客，甚至文人学者，也竟甘心充当汉奸，出卖民族利益，这断不是出于偶然。原来我国近年内战始终不绝，政令迄未统一。当局但求巩固政权，甚至不择手段。有时不免以高官厚禄为饵，吸引天下豪强，以求平定反侧。犯上作乱，为旧道德所不许。朝秦暮楚，为士君子所齿冷。可是此种玷污民族道德的事实，在近年政治舞台上，却层见迭出，我们的当局至少要负一大部分责任。政府为维持威信起见，不得已而加以容忍，虽情有可原，但是首鼠两端的投机分子，可以升官发财，而有主义有信仰的志士，却不免于出国诛戮。这种政策上行下效的结果，将使全国男女，只知有富贵利禄，而不知有国家民族。那就无怪汉奸的数目要一天天增多了。

所以要杜绝汉奸的产生，必须消灭一切汉奸心理，使投机者无法幸进，使朝秦暮楚之辈，不能得志，使中国人民个个忠于国家，忠于民族。这个更用不到写成标语，贴在墙头。最要紧的是由政府在内政上切实做去。只要政府对内，信赏必罚，光明坦白，一切都以国家民族利益为前提，这样汉奸自然绝迹了。

白杨礼赞※

茅　盾

　　白杨树实在是不平凡的，我赞美白杨树！

　　当汽车在望不到边际的高原上奔驰，扑入你的视野的，是黄绿错综的一条大毡子；黄的，那是土，未开垦的处女土，几十万年前由伟大的自然力所堆积成功的黄土高原的外壳；绿的呢，是人类劳力战胜自然的成果，是麦田，和风吹送，翻起了一轮一轮的绿波——，这时你会真心佩服昔人所造的两个字"麦浪"，若不是妙手偶得，便确是经过锤

　　※选自茅盾：《白杨礼赞》，人民出版社1998年版。茅盾（1896—1981），中国现代作家、小说家、社会活动家。代表作有《子夜》《蚀》《林家铺子》等。

炼的语言的精华，黄与绿主宰着，无边无垠，坦荡如砥，这时如果不是宛若并肩的远山的连峰提醒了你，（这些山峰凭你的肉眼来判断，就知道在你脚底下的）你会忘记了汽车是在高原上行驶，这时你涌起来的感想也许是"雄壮"，也许是"伟大"，诸如此类的形容词，然而同时你的眼睛也许觉得有点倦怠，你对当前的"雄壮"或"伟大"闭了眼。而另一种味儿在你的心头潜滋暗长了，——"单调"！可不是，单调，有一点儿吧。

然而刹那间，要是你猛抬眼看见了前面远远地有一排，——不，或者甚至只是三五株，一株，傲然地耸立，象哨兵似的树木的话，那你的恹恹欲睡的情绪又将如何？我那时是惊奇地叫了一声的！

那就是白杨树，西北极普通的一种树，然而实在不是平凡的一种树！

那是力争上游的一种树，笔直的干，笔直的枝，它的干呢，通常是丈把高，象是加以人工似的，一丈以内，绝无旁枝：它所有的桠枝呢，一律向上，而且紧紧靠拢，也象是加以人工似的。成为一束，绝无横斜逸出；它的宽大的叶子也是片片向上，几乎没有斜生的，更不用说倒垂了；它的皮，光滑而有银色的晕圈，微微泛出淡青色。这是虽在北方的风雪的压迫下却保持着倔强挺立的一种树！那怕只有碗来粗细罢，它却努力向上发展，高到丈许，二丈，参天耸立，不折不挠，对抗着西北风。

这就是白杨树，西北极普通的一种树，然而绝不是平凡的树！

它没有婆娑的姿态，没有屈曲盘旋的虬枝，也许你要说它不美丽，——如果美是专指"婆娑"或"横斜逸出"之类而言，那么白杨树算不得树中的好女子；但是他却是伟岸，正直，朴质，严肃，也不缺乏温和，更不用提它的坚强不屈与挺拔，它是树中的伟丈夫！当你在积雪初融的高原上走过，看见平坦的大地上傲然挺立这么一株或一排白杨树，难道你就只觉得树只是树，难道不就不想到它的朴质，严肃，坚强不屈，至少也象征了北方的农民；难道你竟一点儿也不联想到，在敌后的广大土地上，到处有坚强不屈，就象这白杨树一样傲然挺立的守卫他们家乡的哨兵！难道你又不更远一点想到这样枝枝叶叶靠紧团结，力求上进的白杨树，宛然象征了今天在华北平原纵横激荡用血写出新中国历史的那种精神和意志。

白杨不是平凡的树，它是西北极普遍，不被人重视，就跟北方农民相似；它有极强的生命力，磨折不了，压迫不倒，也跟北方的农民相似。我赞美白杨树，就因为它不但象征了北方的农民，尤其象征了今天我们民族解放斗争中所不可缺的朴质，坚强，力求上进的精神。

让那些看不起民众，贱视民众，顽固的倒退的人们去赞美那贵族化的楠木（那也是直挺秀顽的），去鄙视这极常见，极易生长的白杨罢，但是我要高声赞美白杨树！

道德的自律性※

王统照

在恶氛横流、正义沦亡的现在，提出"道德"二字，大概或被目为不识时务。但欲补救各种危机，与已成的纷扰现象，是否除开"力"与经济的支配外，还需要精神上共同遵守的信念？

正如饮食一样，天天不能缺少，而却最容易被人忽视。"道德"并不是迂阔臭腐的事物，我们日

※ 选自王立诚、王含英编：《王统照散文选》，山东教育出版社2005年版。王统照（1897—1957），字剑三，笔名息庐、容庐，现代作家。创办《曙光》，与郑振铎、沈雁冰等发起成立文学研究会，代表作有《雪潮》《北国之春》等。

常生活，无论它是合乎道德的，或违反道德的，无时无地不与人的行为活动有密切关连。道德本难有绝对的标准，时代变异；社会的上层机构既非一成不变，伦理的相迎合、相冲突之点，自然到处可见。如忠君，如愚孝（割股等），如妇女守节，往古时代以此为值得赞叹，颂扬；可贵难能的道德行为，现在说来不值一笑。更有亲殉君父、身报友朋诸事，岂能行于今日。但道德行为的表现方法纵有变革，而道德的酿化却不以时间的阻隔而异其原理。说来太长，不详解释易生误会。简略看法，如忠，如信，如养廉耻，如励仁爱，虽政法的制度不同，经济情形的改革，教育思潮的分歧，科学力的发展，而无论哪一个有文化的国家民族，其群体中主要道德的标示，仍然不能不遵守这几点，也仍然被尊重而鼓励实行。

物质生活决定了人类环境，同时也决定了人类精神的活动，变更过人生伦理的标准，却未曾淆乱过道德原理的尊严！在哲理上讲起来，"知识即道德"是一句颠扑不破的名言，但人类知识渐次发达后，第一步须先明了人与人间的关系——亦即自己对于人、对于社会应持守的态度，与人与人间的行为的主要标则。明了属"知"——知识；进一步须表之于行为——实即同时表之于"行为"。"行"即显示道德的尊严性：利己者受人唾弃，利群者得人钦敬，言行划一，信守勿渝，类如这样人生的知行，并不因社会机构——政法经济的变革遂变其质（只是变更了行为的对象）。所谓道德的自律性在此。

"知识即道德"正见出道德的真实性，与对客观方面的适应，因时，因地，有广狭久暂之不同，可以说是道德目标的伸缩性。如昔日之忠君，现在则忠于社会；昔日的重爱家族，今则重爱国家；其标的异，其质则同。曰忠曰爱，不但其本来意义坚实存在，即其为道德的质素何曾变更。于此更显见道德自律性的尊严。

这句颇不易解的话，与"知识即道德"之意并不冲突，精细寻思反见圆融。

人生伦理的永久基础，诚如黑格尔所主张，"既非纯从客观的法则中得来，亦非纯恃主观的动机便可决定，它是存在于群体间每个人的具体生活之中，一方受客观的法则的制裁、增益，一方挥发个人的本性"。两相融和，两相调剂，人群遂获得进化的机能。人生伦理的永久基础遂能稳定。在我与物（此物字须作广义解，不限于事件或物件）融和调剂的境界里显示出道德的重要。

道德的自律性，由于个人对环境的决定，或环境必决定个人的行为思想，而给予以反射的意志。

因此，所谓道德绝非教条，亦非对付客观法则的义务，它是连结人类生活的粘合力，是人生伦理的永久基础。自初民社会有形成的组织后，人类的思想行为脱离不开道德的律令。不过这里所谓道德，不是格言、教规，不是义务，更不是限于某种字面的简单概念。话说回来，由于人群逐步进化，阐明了我与物的密切关系，如何使之发展、融合，应知怎样做去、怎样想去，方不背于人生伦理的常则，与昭示个人自觉与活动的普遍性。这其中的质素即是道德。自我约束与对物有自我的决定（那自然与反射意志有关），即是道德的自律性。

谈及此当然会牵连到多少问题……人类如不向着人生伦理的常轨走，如不能自觉其活动的非普遍性，那就是将道德的自律性完全丧失，个人不足惜，而群体却受其扰乱、灾祸。由于知识先走入歧途，或失掉了自我的真实指导与约束力，或无反抗环境的意志，俱能生此恶果。——不是无其他原因，而指导制裁知与行的道德的自律性，却握住了人生伦理的密钥。

论道德（节选）※

周国平

我相信苏格拉底的一句话："美德即智慧。"一个人如果经常想一想世界和人生的大问题，对于俗世的利益就一定会比较超脱，不太可能去做那些伤天害理的事情。说到底，道德败坏是一种蒙昧。当然，这与文化水平不是一回事，有些识字多的人也很蒙昧。

假、恶、丑从何而来？人为何会虚伪、凶恶、丑陋？我只找到一个答案：因为贪欲。人为何会有

※ 摘自《读写月报》2012年第1期。周国平（1945— ），中国社会科学院哲学研究所研究员，作家、哲学学者，代表作有《善良丰富高贵》《人生哲思录》等。

贪欲？佛教对此有一个很正确的解答：因为"无明"。通俗地说，就是没有智慧，对人生缺乏透彻的认识。所以，真正决定道德素养的是人生智慧，而非意识形态。把道德沦丧的原因归结为意识形态的失控，试图通过强化意识形态来整饬世风人心，这种做法至少是肤浅的。

意识形态和人生智慧是两回事，前者属于头脑，后者属于心灵。人与人之间能否默契，并不取决于意识形态的认同，而是取决于人生智慧的相通。

一个人的道德素质也是更多地取决于人生智慧而非意识形态。所以，在不同的意识形态集团中，都有君子和小人。

社会愈文明，意识形态愈淡化，人生智慧的作用就愈突出，人与人之间的关系也就愈真实、自然。

在一个人人逐利的社会，人际关系必然复杂。如果大家都能想明白人生的道理，多多地关注自己生命和灵魂的需要，约束物质的贪欲，人际关系一定会单纯得多，这个世界也会美好得多。

由此可见，一个人有正确的人生观，本身就是对社会的改善做了贡献。你也许做不了更多，但这是你至少可以做的。你也许能做得更多，但这是你至少必须做的。

知识是工具，无所谓善恶。知识可以为善，也可以为恶。美德与知识的关系不大。美德的真正源泉是智慧，即一种开阔的人生觉悟。德行如果不是从智慧流出，而是单凭修养造就，便至少是盲目的，很可能还是功利的和伪善的。

在评价人时，才能与人品是最常用的两个标准。两者当然是可以分开的，但是在最深的层次上，它们是否是相通的？譬如说，可不可以说，大才也是德，大德也是才，天才和圣徒是同一种神性的显现？又譬如说，无才之德是否必定伪善，因而亦即无德；无德之才是否必定浅薄，因而亦即非才？当然，这种说法已经蕴涵了对才与德的重新解释，我倾向于把两者看作智慧的不同表现形式。

人品和才分不可截然分开。人品不仅有好坏优劣之分，而且有高低宽窄之分，后者与才分有关。才分大致规定了一个人为善为恶的风格和容量。有德无才者，其善多为小善，谓之平庸。无德无才者，其恶多为小恶，谓之猥琐。有才有德者，其善多为大善，谓之高尚。有才无德者，其恶多为大恶，谓之邪恶。

人品不但有好坏之别，也有宽窄深浅之别。好坏是质，宽窄深浅未必只是量。古人称卑劣者为"小人""斗筲之徒"是很有道理的，多少恶行都是出于浅薄的天性和狭小的器量。

父母是最朴素的人文※

梁晓声

一年一度，又逢母亲节、父亲节。

我的意识中，母亲像一棵树，父亲像一座山。他们教育我很多朴素的为人处世道理，令我终身受益。我觉得，对于每一个人，父母早期的家教都具有初级的朴素的人文元素。我作品中的平民化倾向，同父母从小对我的教育和影响密不可分。

我出生在哈尔滨市一个建筑工人家庭，兄妹五

───────────────

※ 选自梁晓声：《在人间：梁晓声经典散文》，山东文艺出版社2021年版。梁晓声（1949—　），原名梁绍生，中国当代著名作家，代表作有《人世间》《雪城》等。《人世间》获第十届茅盾文学奖。

人，为了抚养我们五个孩子，父亲在我很小的时候就到外地工作，每月把钱寄回家。他是国家第一代建筑工人。母亲在家里要照顾我们五个孩子的生活，非常辛劳。母亲给我的印象像一棵树，我当时上学时看到的那种树——秋天不落叶，要等到来年春天，新叶长出来后枯叶才落去。

当时父亲的工资很低，每次寄回来的钱都无法维持家中的生活开支，看着我们五个正处在成长时期的孩子，食不饱腹，鞋难护足，母亲就向邻居借钱。她有一种特别的本领，那就是能隔几条街借到熟人的钱。我想，这是她好人缘所起的作用。尽管这样，我们因为贫困还是生活得很艰难，五个孩子还是经常挨饿。

一次，我小学放学回家走在路上，肚子饿得咕咕叫，正无精打采往家赶时，看到一个老大爷赶着马车从我面前走过。一股香喷喷的豆饼味迎面扑来，我立即向老大爷的马车看过去，发现马车上有一块豆饼。我本来就饿，再加上豆饼香味的刺激，当时只有一个念头：拿着豆饼填饱肚子。我趁着老大爷不注意，抱起他身旁唯一的一块豆饼，拔腿就跑。

老大爷拿着马鞭一直在后面追我，我跑进家里，他不知道我一下子跑入了哪间房子。我心惊胆战地躲在家里，可没想到他还是找到了我家。

"你看到一个偷我豆饼的小孩儿吗?"老大爷问我母亲。

母亲对发生的事全然不知。老大爷就把事情的经过给母亲详细说了一遍，然后蹲在地上沮丧地说："我是农村的庄稼人，专门替别人给城里的人家送菜，每次送完菜，没有工钱，就得到四分之一块豆饼，可没想到半路上豆饼被一个学生娃给抢了，可怜我家里还有妻子和孩子，就靠这点豆饼充饥……"

母亲听完后，立即命令我把豆饼还给了老大爷。他走了十几米远后，母亲突然喊住了他。母亲将家中仅剩的几个土豆和窝头送给了他，老大爷看到玉米面做的窝头时，就像一个从未见过粮食的人一样，眼睛放亮，一边不停地说着感谢的话一边流着眼泪。

母亲回到家时，我以为她会打骂我，可她没

有，她要等所有的孩子都回来。晚饭后，她要我将自己的行为说了一遍，然后她才严厉地教训我："如果你不能从小就明白一个人绝不可以做哪些事，我又怎么能指望你以后是一个社会上的好人？如果你以后在社会上都不能是一个好人，当母亲的又能从你那里获得什么安慰？"这些道理不在书本里，不在课堂上，却使我一生受益。

当时我家虽然非常穷，但母亲还是非常支持我读书，穷日子里的读书时光对我来说是最快乐的。当时家中买菜等事都由我去做，只要剩两三分钱，母亲就让我自己留着。现在两三分钱掉到地上是没人捡的，那时五分钱可以去商店买一大碟咸菜丝，一家人可以吃上两顿，两分钱可以买一斤青菜，有时五分钱母亲也让我自己拿着。我拿着这些钱去看小人书。

母亲最令我感动的事是发生在三年自然灾害期间的那件事。当时因为我们家里小孩儿多，所以政府给了我们家一点粮食补贴，补了五至十斤粮食吧。月底的最后一天，家里一点粮食都没有了，揭不开锅，母亲就拿着饭盆将几个空面粉袋子一边抖一边刮，终于刮出了一些残余的面粉。母亲把它做成了一点疙瘩汤，然后在小院子里摆上凳子。

正在我们吃饭的时候，来了一个讨饭的。那是一个留着长胡子的老人，衣服穿得很破，脸看上去也有几天没洗。他看着我们几个孩子喝疙瘩汤的时候，显得非常馋。母亲给他端来洗脸水后，又给他搬凳子，把她自己的那份疙瘩汤盛给了他，而自己却饿着肚子。

然而这件事被邻居看到后，不知是谁在居委会开会时把这个事讲出来了，说我们家粮食多得吃不完，还在家中招待要饭的人。从这以后，我们家就再也没有粮食补贴了。可我母亲对这件事并没有后悔，她对我们说你们长大后也要这样。我觉得有时母亲做的某些小事，对儿童和少年都具有早期人文教育的色彩。我现在教育我的学生时也经常这样讲，少写一点初恋、郁闷，少写一点流行与时尚，多想一下自己的父母，如果连自己的父母都不了解，谈何了解天下。

我们这一代人的父母，几乎没有过过一天幸福的晚年。老舍在写他的母亲时说，他母亲没有穿过一件好衣服，没有吃过一顿好饭，他拿什么来写母亲。我能感受到作者当时的心情。萧乾在写他母亲时说，他当时终于参加工作并把第一个月的工资拿来给母亲买罐头，当他把罐头喂给病床上的母亲时，她已经停止了呼吸。季羡林在回忆他母亲时写道，他后悔到北京到清华学习，如果不是这样，他母亲也不会那么辛苦培养他读书，他母亲生病时，都没有告诉他，等他回到家时，母亲已经去世，他当时恨不得一头撞在母亲的棺木上，随她一起去……这样的父母很多，如果我们的父母也长寿，到街心公园打打太极拳，提着鸟笼子散散步，过生日时给他们送上一个大蛋糕，春节一家人到酒店吃一顿饭，甚至去旅游，我们心中也会释然。如果我们少一点粗声粗气地对母亲说话，如果我们能多抽出一点时间来陪陪母亲，那就好了。我想全世界的儿女都是孝的，只要我们仔细看一下"老"字和"孝"字，上面都是一样的，"老"字非常像一个老人半跪着，人到老年要生病，记性不好，像小孩儿，不再是那个威严的教育你的父母，他变得弱势了，在别人面前还有尊严，在你面前却要依靠……

最后我想说，爱是双向的。只有父母对孩子的爱，没有孩子对父母的爱，这种爱是不完整的。父母养育孩子，子女尊敬父母，爱是人间共同的情怀和关爱。

后　记

　　《"三读"丛书·开卷有益》由省委宣传部组织编撰，理论处具体负责。本丛书编写过程中，浙江省社科联等机构及有关专家学者给予了大力支持，在此表示衷心的感谢！书中难免存在疏漏不足之处，敬请提出宝贵的批评意见和建议。

编　者

2024年3月

敬　启

　　为了编好这套《"三读"丛书·开卷有益》，编者遴选了不少专家学者和作家的精彩文章。图书出版前，浙江人民出版社积极与作者联系，并得到了他们的热情支持。在此，我们表示衷心的感谢！但由于条件所限，还有少数作者无法取得联系。现丛书已出版，凡拥有著作权的作者一经在书中发现自己的作品，即请联系我们。我们已将录用作品的稿酬保存起来，随时恭候各位作者来领取。

通信地址：浙江省杭州市环城北路177号
　　　　　浙江人民出版社总编室
邮政编码：310006
联系电话：（0571）85102830

浙江人民出版社

图书在版编目（CIP）数据

开卷有益. 厚德载物 / 中共浙江省委宣传部编. —
杭州 ：浙江人民出版社，2024.4
（"三读"丛书）
ISBN 978-7-213-11409-0

Ⅰ. ①开… Ⅱ. ①中… Ⅲ. ①干部教育–中国–学习
参考资料②品德教育–中国 Ⅳ. ①D630.3②D648

中国国家版本馆CIP数据核字（2024）第059193号

"三读"丛书

开卷有益·厚德载物

中共浙江省委宣传部　编

出版发行：浙江人民出版社(杭州市环城北路177号　邮编　310006)
　　　　　市场部电话：(0571)85061682　85176516
责任编辑：沈敏一
助理编辑：王易天晓
责任校对：陈　春
责任印务：程　琳
封面设计：厉　琳
电脑制版：杭州天一图文制作有限公司
印　　刷：杭州杭新印务有限公司
开　　本：787毫米×1092毫米　1/32　　印　　张：4.125
字　　数：56千字　　　　　　　　　　　　插　　页：2
版　　次：2024年4月第1版　　　　　　　印　　次：2024年4月第1次印刷
书　　号：ISBN 978-7-213-11409-0
定　　价：12.00元

如发现印装质量问题，影响阅读，请与市场部联系调换。